Etkide Ustalaşmak - İkna ve Zihin Kontrolünün Karanlık Sırları

Etkide Ustalaşmak - İkna ve Zihin Kontrolünün Karanlık Sırları

ben J Nayak

Hindistan
2023

İÇİNDEKİLER

Dil ve düşünce ayrılmaz bir şekilde birbirine bağlıdır. Antik Yunan filozofu Platon, gerçekliği yalnızca dil yoluyla deneyimlediğimizi öne sürdü; Wilhelm von Humboldt, dili düşüncenin temeli olarak görüyordu; bu fikirler, bir dilin yapısının, konuşanların düşünme biçimini etkilediğini öne süren Sapir-Whorf hipotezi şeklinde resmileştirildi; Bunun açık bir örneği, renkleri ayırt etmek için mevcut olan kelime sayısının, konuşmacıların renkleri nasıl algıladığını nasıl etkilediğidir - sınırlı kelimelerin bilişsel seçimleri sınırladığı ve kanalize ettiği bu kavram, manipülatörlerin onları bu düşünce yoluna yönlendirirken kendi avantajları için kullandıkları etkili bir şeydir ve çok önemlidir ve yaygın olarak benimsenmiştir. Zamanla Humboldt gibi filozoflar tarafından da kullanıldı.

George Orwell'in Bin Dokuz Yüz Seksen Dört'ü, kendi kurallarının bir parçası olarak retorik stratejiler kullanan, herhangi bir benmerkezci narsist veya tarafsız sosyopatla aynı düzeyde manipülatif güçle çalışan faşist yönetim organlarını vurgulayan etkili bir kitaptı. Bu kitap Amerikan okullarında öğretilmeye devam ediyor ve en büyük etkilerinden biri dil manipülasyonunun nasıl gerçekleştiğini ortaya çıkarmak oldu; özellikle Yenisöylemi hükümetin tercih ettiği dil olarak tanıtarak. Yenisöylem, dil kullanımını kısıtlayarak temel kavramları ve gerçeklik algımızı değiştiren güçlere olanak sağlar. Bunu kullanan kişiler sadece belirli konuları algılarken, uygunsuz sayılabilecek her şeyi göz ardı eder veya işlemezler. Basitçe ifade etmek gerekirse Yenisöylem, vatandaşları için gerçekliği dili kısıtlayarak tanımlıyor. Bunun bir uzantısı olarak, dil, kendini ifade etmeye yönelik konuşma seçeneklerini kısıtladığında bireysellik neredeyse imkansız hale gelir; örneğin sıfatlar, bireylerin kendi anlayış kapsamları dışındaki herhangi bir şey hakkında incelikli düşünceleri ifade etmelerini engelleyen ve incelikli düşüncelerin özgürce ifade edilmesini önleyen olumsuz sıfatlara basitleştirilir. Bu, siyasi partilerin sıklıkla konuşma seçeneklerini kısıtlaması ve ilgili herkes için gerçekliği yeniden çerçeveleyen seçenekleri sınırlandırmasına benzer şekilde, hükümetin, kendini ifade etme için mevcut seçenekleri sınırlayan dar tanımlar aracılığıyla, tebaasının algıladığı şekliyle gerçekliği yeniden çerçevelemesine olanak tanır.
Kutuplaşmış düşünce yaratmak için sözcükleri kullanıyorlar ve cinsel karşılaşmaları "seks suçu" olarak adlandırmak gibi sözcüklerin içine yorum katmanları ekliyorlar. Madalyonun diğer yüzünde ise "neşe kampları" adı verilen zorunlu çalışma kampları var; aksi halde olumsuz bir deneyim olarak görülmesi gereken şeye olumlu nitelikler çağrıştırılıyor; hepsi itaati sağlamak için tasarlanmış. Bu taktik aynı zamanda bu tür amaçlarla adlandırılan hükümet organlarına da uzanıyor: Sevgi Bakanlığı yasaları uygular ve cezalar koyarken, Barış Bakanlığı savaş yürütürken, Hakikat Bakanlığı ilgili dalları için propaganda kolu olarak hareket ederek onlara kendi saflarında güvenilirlik sağlar.

Hükümet yetkililerinin yeniden çerçeveleme stratejilerini kendi yararlarına kullandıklarına dair pek çok örnek var. 2016 ABD Başkanlık seçimleri sırasında aday Donald Trump, genellikle sosyal medya üzerinden yanlış hikayeler yayan sitelere uygulanan "sahte haber" lakabını gerçek ana akım haber kaynaklarına atıfta bulunarak yeniden tanımladığında manşetlere çıktı. Gerçek haber kaynaklarını sahte haber olarak yeniden markalamanın kesinlikle yeni konuşma çağrışımları vardı. Siyasi aktörler kendi taraflarını yücelten veya diğerini aşağılayan sloganlar veya sloganlar kullandığında, onların retorik manipülasyon girişimleri, izleyicileri arasındaki bilişsel seçimleri sınırlamak ve izleyici üyeleri tarafından sunulan bilişsel seçimleri sınırlamak amacıyla propaganda tekniklerini kullanıyor.

Bu araçlar bir ilişki veya işyeri ortamında ne için kullanılabilir? Bunun örneklerini zaten Tanrı, Şeytan ve Karizma serimizde görmüştük. Retorik seçimler söylenmemiş bir cevabı ortaya çıkarabilir.

Sosyopatlar, psikopatlar, narsistler ve benzeri sapkın kişilik tipleri, kurbanlarıyla giriştikleri her türlü müzakerede üstünlük sağlamak için birçok dilsel taktik kullanırlar. Hedefleri üzerinde kontrol sağlamak için hedeflerini şaşırtmaya, yönlerini şaşırtmaya veya başka bir şekilde hayal kırıklığına uğratmaya çalışacaklardır - kullanılan taktiklerden biri dil manipülasyonudur - bu nedenle, bu manipülatif kişiliklerin bazılarının tipik kelime seçimlerini ve daha önceki tartışmamızdaki retorik çerçevelerini gözden geçirmek faydalı olabilir; başka bir kurbana karşı dil manipülasyonu kullanan benzer biriyle karşılaştığımızda olası çözüm stratejileri hakkında konuşurken, bu taktiklerin mağdurların dahil olduğu gerçek durumlarda nasıl uygulanabileceğine de odaklanacağız - bunun neye benzeyebileceğini tartışmaya odaklanacağız; genel olarak bu taktiklerin ilgili tüm taraflara karşı ne kadar etkili olabileceğini tartışacağız; Kişilerarası ilişkilerde sıklıkla kullanılan iletişim teknikleri iş durumlarına da geçebilir.

Sosyopatların (duygusal açıdan bağımsız kişilikleri olan, başkalarının zararına tarafsız bir şekilde kendi çıkarlarını takip edebilen, genellikle rakiplerini aşırı tepki vermekle suçlayan kişiler) kendileriyle durumları tartışırken kullandıkları anahtar ifadelerden bazılarını anlamaya buradan başlayın. Sosyopatlar ve psikopatlar, odağı herhangi bir sorun veya durumdan uzaklaştırmak ve yükü mağdurun kendisine yüklemek için sıklıkla bu gibi ifadeler kullanırlar; bu da onların, rahatsız edici olan her şeyin aslında o kadar da büyük bir sorun olmadığını düşünmelerine yol açar. . Sosyopatlar bu taktiği, konuşmaları hızlı bir şekilde sonlandırmak ve hedeflerinin duygularını geçersiz kılmak için sıklıkla etkili bir araç olarak kullanırlar. Geçersiz kılmanın alternatif bir biçimi, mağdura gülünç davrandığının söylenmesini içerir; daha zımni yargı içeren başka bir reddetme biçimi. Sadece hatalı ya da aşırı tepki vermiyorsunuz; aynı zamanda mantıksız da davranıyorsun; sadece birkaç kelimeyle çok şey anlatılabilir!

Psikopatlar da küçük değişikliklerle benzer taktikler kullanırlar. Psikopatlar sizi, durumları hızlı bir şekilde istikrarsızlaştırmak için kullanılan etkili bir strateji olan "aşırı analiz" ile suçlayabilir. Psikotikler sıklıkla hedeflerinin aklını kaçırdıklarını ya da çıldırdıklarını öne sürerek kafalarını karıştırmaya çalışırlar. Bu girişimlere yanıt verdiğinizde, aşırı analiz suçlamasıyla konuyu kapatacaklar; bunların hepsi, her konuda varsayımlarınızın gerçekten doğru olup olmadığını sorgulamanızı sağlamak için tasarlanmış. Psikotikler sizi "drama" yaratmakla suçlayarak geri çekilebilir. Bu taktik yine durumu tersine çevirmeye hizmet ediyor. Adaletsizlik duygularınız haklı olsa bile, onları gerçeklikle bağdaşmayan bir şey olarak yeniden çerçeveleyecek ve tartışmanın bir parçası olarak onu itibarsızlaştırmaya çalışacaklardır. Psikotikler, giderek yaygınlaşan bir teknik olan gaz aydınlatma konusunda uzmandır. Önceki tekniklerin her ikisi de bu konuya değiniyor; ancak psikopat, tam gaz aydınlatmayla, söylediklerini bildiğiniz şeyi asla söylemediğini iddia edecektir; Psikopatların karmaşık davranışlar sergileyebildiği göz önüne alındığında, bu işi hepimizin isteyebileceğinden daha başarılı bir şekilde başarabilirler!
Kendilerini ve başkalarını sahte beyanlarına inandırmak için kurnazca kandırmak, çoğu zaman mağdurlara şok dalgaları göndermek için yeterlidir; bu da onların kendi duyularından ve hatta belki de akıl sağlıklarından şüphe etmelerine yol açar.

Narsistler, kendileri ve kurbanları arasındaki bağlantıları abartmak için "Bunu daha önce hiç hissetmemiştim" gibi ifadeler kullanacak, ancak aynı zamanda bunu gelecekte kontrol ve onlardan bağımsız ilgi oluşturmak için kullanacaklar. Bu taktik yalnızca kurbanın kendisini iyi hissetmesini sağlamakla kalmaz, aynı zamanda gelecekteki ilişkilerde daha fazla kontrol ve karşılıklı bağımlılığa doğru atılmış bir adımdır. Narsistler genellikle zayıf yönlerini kendilerine en yakın olanlara yansıtırlar ve işler yolunda gitmediğinde bu taktiği kullanırlar; bu durumda bu, partnerlerini paranoyak veya kontrolcü olmakla suçlamak anlamına gelebilir. İşler planlandığı gibi gitmediğinde, partnerlerine yönelik bu tür suçlamaları kendilerine karşı bir koz olarak kullanırlar - bu bir yansıtma örneğidir. Narsistler kendilerini kontrol etme ve paranoyak olma eğilimindedirler; bu nitelikleri başkalarına yansıtarak kendilerini daha iyi hissedebilirler ve partnerlerinin istikrarını bozabilirler. Başka bir taktik, bu manipülatörün bu sorunu başka hiç kimseyle yaşamadığını öne sürmek olabilir; bu, yalnızca sizin sorumlu olacağınız şekilde yeniden çerçevelemeye yardımcı olur.

Yukarıda sunulan örneklerin her birinde, retorik yeniden çerçeveleme aynı zamanda argümanınızı bir yöne veya başka bir yöne itmeye yarayan dili de içerebilir; gülünç, paranoyak ve drama gibi kelimeler düşündüğünüzden daha fazla ağırlık taşıyabilir. Entelektüel olarak bunun yanlış olduğunu biliyor olabilirsiniz, ancak gerçekte kendinizi üzgün hissettiğinizde drama yaratmakla suçlanmakla mücadele etmek zordur. Bu tekniklerin diğer senaryolara genişletilmesi etkili olacaktır. İşyerinde, bu kişilik sapkınlıklarından birine sahip bir çalışana karşı meşru şikayetleri olan herhangi bir iş arkadaşı veya yönetici, şikayetlerinin paranoyak veya mikro yönetim olarak veya "Bu şikayetleri daha önce duymadan yıllardır bu işi yapıyorum" şeklinde yeniden çerçevelendirildiğini kolaylıkla bulabilir. böylece sorunun kendi şikayetlerinden kaynaklanabileceğini ima ediyorlar.

Bunlar sosyopatların, psikopatların ve narsistlerin dili manipüle etmek için nasıl kullandıklarının tipik örnekleridir. Her ne kadar bireysel kelimeler kimin konuştuğuna bağlı olarak farklılık gösterse de.
Herhangi bir durumda, bu örnekler bireylerin çeşitli durumlarda avantaj elde etmek için dile dayalı stratejileri ne kadar güçlü kullandıklarını ortaya koymaktadır.
İletişim Bir Araçtır
Her araç gibi iletişim de farklı amaçlarla kullanılabilir. Çekiçlerin tek bir ana kullanım alanı vardır; duvarlara çivi çakmak; Pençe ucu ek bir işlev görür: çivileri çıkarmak. Aletlerin bu iki işlevi el ele çalışır; inşaat projeleri genellikle amaçlanan ana amaçtır. Çekiç aynı zamanda yıkıcı bir şekilde de kullanılabilir (pencereleri kırmak veya birinin kafasına doğrultmak olası seçeneklerdir), ancak başlangıçta amaçlanan bu olmasa da işlevi, onu kullanan kişiye bağlı olarak değişmiştir.

Bazıları sanki iletişim bir spektrumda varmış gibi iletişimin ne zaman manipülasyona dönüştüğünü sorabilir. İletişim böyle yürümüyor! İletişim, kişi bir yönde çok ileri gittiğinde otomatik olarak manipülasyona dönüşmez; daha ziyade iletişim, etkilemeye çalışan bir araç olarak hizmet eder. Her etkili iletişim, özellikle resmi diyaloglar, retorik araçlara dayanır. Kendiniz için belirlediğiniz iletişim hedeflerine ulaşmak için kaç tane veya hangisini kullanırsanız kullanın, bunların kullanımı sizi manipülatörler olarak görülme yoluna sokmayacaktır. Olumlu veya fedakar amaçlara yönelik etkili iletişim tam olarak şudur: etkilidir. Yunanlılar bunu anladılar ve etkili argümanı gerçeğin göstergesi olarak gördüler. Eğer satıcı ya da doktor sizin isteklerinize saygı duyuyor ve bunları göz önünde bulundurarak hareket ediyorsa, onların argümanları manipülasyon anlamına gelmeyecektir. Ameliyatla ilgili korkularınıza rağmen sizi hayat kurtarıcı bir ameliyata ikna etseler bile, yeter ki argümanları dürüstçe sunulsun.

Peki manipülasyon derecelere bağlı değilse iletişim ne zaman manipülasyona dönüşür? Cevap motivasyonda yatıyor - örnek olarak çekicin kullanılmasına benzetilebilir: başka bir niyetle kullanıldığında bir saldırı aracı veya silahı haline gelir. İletişim de benzer şekilde çalışır. Manipülasyon, kullanılan tekniklerin veya bunların kullanımının etkinliğinin belirli bir eşiğinde meydana gelmez; daha ziyade manipülasyon, iletişim hedefini tehlikeye atan bir gündemi aldatmak veya ilerletmek için adil olmayan bir şekilde kullanıldığında ortaya çıkar. İletişimin hem etkili hem de etkisiz olabileceği gibi, manipülasyon da aynı şekilde olabilir. Bazı kişiler bu konuda tamamen etkisizdir, bazı izleyiciler ise bunu tanıma konusunda ustalaşmıştır. Birisi sokakta sizi manipüle etmek için yaklaşırsa ve sizi aksi yönde ikna edemezse, oradan uzaklaşarak ondan kaçının; bu denemedikleri anlamına mı geliyor? HAYIR! Dolandırıcının yaptığı şey doğrudan iletişim ya da dürüst ikna değildi; daha ziyade manipüle etmeye çalıştı ama fena halde başarısız oldu. Bazen ikna veya manipülasyon için aynı tekniklerin kullanılması yalnızca bir değişkenin değiştirilmesini gerektirir: konuşmacının güdüsü. Diğer durumlarda, tekniklerin kendisi doğası gereği manipülatif olabilir; tıpkı son bölümde tartıştığımız gibi. Her türlü aldatma veya manipülasyon doğası gereği manipülatiftir. Niyetiniz iyi olsa bile, adil ve etkili taktiklerle bile bir düzeyde manipülasyona girişiyor olursunuz. Bazen aklınızda aslında bir tür olumlu sonuç olabilir; ancak yalan söyleme isteğiniz gizli bir amacı ortaya çıkarıyor. Yanlış yönlendirme isteğinin kendisi de gizli bir amaçtır. Bu karmaşık hale gelebilir, o yüzden şunu açık tutalım: sonuç ve taktikleriniz olumlu ve adil olduğunda iletişiminizi ikna olarak sınıflandırabiliriz. Kendinizi hedefinize zarar vermek veya onun üzerine çıkarmak, herhangi bir şekilde yanıltmak veya iletişimde adaletsiz davranmak istediğinizde, manipülasyon olarak tanımlanabilecek bir eşiğe ulaşırsınız.

BÖLÜM 2: KARANLIK PSIKOLOJIYE GIRIŞ

Karanlık psikolojinin nasıl işlediğini ve size karşı kullandığı yöntemleri tartışmadan önce, bu psikoloji biçiminin tam olarak ne anlama geldiğini anlamamız gerekiyor. Psikoloji ya da insan zihninin nasıl çalıştığını anlamak, günlük yaşamın önemli bir bölümünü oynar - reklamdan finansa, suçtan dine, hatta nefretten aşka; böylece ilkelerini anlamanın neden insan etkisi üzerinde bu kadar güçlü olduğunu gösteriyor.

Psikoloji zorlu bir girişim olabilir, bu da çoğu insanın neden bu beceriden yoksun olduğunu açıklıyor. Tüm farklı ilkeleri öğrenmek gerekli değildir; sağlam bir temel oluşturmak için bu derslerden başlamanız yeterlidir. İnsanları doğru bir şekilde okumak, onları neyin harekete geçirdiğini ve beklenmedik şekillerdeki tepkilerini anlamak çok önemlidir. O zaman bile, anlayışınızın ne kadar genişlediğine bağlı olarak, tam bir anlayışa ulaşmak için ders almak ve sayısız kitap okumak gerekli olabilir.

Peki psikolojiyi ve insan psikolojisini anlamak neden bu kadar önemlidir? Çünkü daha fazlasını bilenler bu gücü size karşı kullanabilirler.

Karanlık Psikoloji Günümüzde Nasıl Kullanılıyor?

Bazıları kurbanlarına zarar vermek amacıyla karanlık psikoloji taktiklerini kullanırken, bazıları da kimseyi olumsuz yönde manipüle etmeden bu stratejileri kullanabilirler. Bu stratejilerden bazıları ilk kez Birinci Dünya Savaşı sırasında popüler hale getirildi. Bilerek ya da kasıtlı olarak araç kutumuz aşağıdakiler gibi çeşitli yollarla genişletildi:

* Çocukken muhtemelen yetişkinlerin, özellikle de yakınlarınızın nasıl davrandığını gözlemlemişsinizdir.

* Ergenlik çağında etrafınızdaki davranışları anlama konusunda zihniniz genişledi.

* Başkalarının belirli taktikleri nasıl kullandığını ve daha sonra başarıyla uyguladığını gözlemleyebildiniz.

* Başlangıçta taktik kullanımınız tesadüfi olabilir; ancak istediğiniz hedeflere ulaşmak için çalışmaya başlar başlamaz, kasıtlı stratejinizin bir parçası haline geleceklerdi.

* Politikacılar, konuşmacılar ve satış elemanları, arzu ettikleri hedeflere ulaşabilmek için bu taktikler konusunda eğitilmiş olabilir.

Her Gün Kullanılan Karanlık Psikoloji Taktikleri

* Aşk Seli: Aşk seli, insanları istediğiniz bir isteğe uymaya ikna etmenin herhangi bir biçimini ifade eder. Örneğin, bazı eşyaları evinize taşımak için birinin yardımına ihtiyacınız varsa, sevgi seli onların yardım etme konusunda kendilerini iyi hissetmelerini sağlayabilir ve uyma olasılıklarını artırabilir. Karanlık manipülatörler, kendilerini bağlı hissetmelerini sağlamak veya normalde yapmayacakları eylemlerde bulunmak için sevgi akışını bu şekilde kullanabilirler.

* Yalan söylemek: Yalan söylemek, arzu ettiğiniz şeyin gerçekleşmesi için mağdurunuza olayların sahte veya süslenmiş versiyonlarını sunmak anlamına gelebilir. Yalan söylemek, istenen sonuçları elde etmek için gerçeğin yalnızca bir kısmını söylemeyi veya abartılı iddialarda bulunmayı içerebilir.

* Aşk İnkarı: Kurbanınızın kendisini manipülatörleri tarafından kaybolmuş ve terk edilmiş hissetmesine neden olabilecek bir manipülasyon şekli, siz onlardan istenen sonuçları elde edene kadar sevgiyi veya sevgiyi esirgemektir.

* Geri çekilme: Bu gerçekleştiğinde mağdur ya sessiz muamele görür ya da başka bir kişinin ihtiyaçlarını karşılayana kadar kaçınılır.

* Seçeneklerin sınırlandırılması: Bir manipülatör, kurbanının yapmasını istemediği seçimleri yapmaktan dikkatini dağıtmak için bazı seçimlere erişmesine izin verebilir.

* Anlamsal Manipülasyon: Bu taktikte, bir manipülatör, konuşma sırasında kurbanının kafasını karıştırmak için yaygın olarak anlaşılan tanımlara sahip sözcükleri kullanır ve daha sonra bu kelimeyi kullandıklarında farklı bir şeyi kastettiklerini ortaya çıkarır; çoğu zaman bu, tüm tanımını değiştirir ve kurbanları kandırılmış olsa bile istedikleri konuşmanın ilerlemesine neden olabilir.

* Ters Psikoloji: Ters psikoloji, manipülatörün en başından beri istediğinin bu olduğunu çok iyi bilerek, birini bir eylemi gerçekleştirmesi için manipüle ettiğinizde ve onun diğer şekilde davranmasını sağladığınızda ortaya çıkar.

Karanlık Taktikleri Kim Kasıtlı Olarak Kullanacak?

Pek çok farklı kişi size karşı karanlık psikoloji taktiklerini kullanabilir; bunlar arasında burada bulunanlara benzer taktikler de bulunabilir. Bu kişiler size karşı bu karanlık taktikleri kullanmaya çalışabilecekleri için onların yaklaşımlarını tanımayı ve onlardan uzak durmayı öğrenmeniz çok önemlidir. Potansiyel kaynaklar şunları içerir:

Narsistler: Kendi değerlerine dair abartılı bir algıya sahip olan kişiler sıklıkla başkalarının da kendilerinin üstün olduğuna inanmasını isterler. Bu arzularını tatmin etmek için ikna ve karanlık psikoloji tekniklerini kullanarak, temas kurdukları herkeste tapınma olarak gördükleri hayranlığı elde edebilirler.

* Sosyopatlar: Sosyopatlar büyüleyici, zeki ve ikna edici özelliklerden oluşan etkileyici bir cephaneliğe sahiptir; ancak istediklerini elde etmek için yalnızca gerektiğinde bu şekilde davranırlar. Çağrışımcılık, karanlık psikoloji tekniklerini kişisel kazanç için kullanma konusunda herhangi bir suçluluk duygusundan yoksun oldukları anlamına gelir - buna gerektiğinde yüzeysel ilişkiler kurmak da dahildir.

* Politikacılar: Politikacılar, seçmenleri kendi bakış açılarının doğru olduğuna ikna ederek onları desteklemeleri için karanlık psikolojiyi kullanabilirler.

* Satış görevlileri: Tüm satış görevlileri size karşı gizli taktikler kullanmaz; ancak kendilerini satış rakamlarına ulaşmaya adamış olanlar, insanları manipüle etmek ve karları artırmak için karanlık ikna yöntemini kullanabilirler.

* Liderler: Karanlık psikoloji teknikleri, ekip üyelerini, astlarını ve vatandaşları kendi isteklerine uymaya yönlendirmek amacıyla liderler tarafından uzun süredir kullanılmaktadır.

* Bencil insanlar: Bencil insanlar, etrafındakileri herhangi bir şekilde etkileyip etkilemeyeceğini umursamadan, kendi ihtiyaçlarını başkalarının ihtiyaçlarından önce tutan herhangi bir kişi olarak tanımlanabilir. Kendileri faydalansın diye, hak ettiği yerde başkalarına kredi vermekten çekinmeyecekler; Bu durum onların lehine işlediği sürece kimin kaybettiği önemli olmayacak, ancak eğer biri olumsuz etkilenirse bu muhtemelen başkası yerine kendisi olacaktır.

Bu liste iki önemli işleve hizmet eder. Birincisi, yapmak istemediğiniz şeyleri yapmanız için sizi manipüle etmeye çalışanlara karşı farkındalığınızı artırmanıza yardımcı olurken, sizden bir şey elde etmek isteyen insanlara karşı gözünüzü açık tutarak kendinizi gerçekleştirmenize yardımcı olabilir.
Bu kitabın temel hedeflerinden biri sizi karanlık psikolojiye karşı donatmak ve kendinizi korumanıza yardımcı olmaktır.

Zihinsel manipülasyon, genellikle sosyal medyada ve ana akım iletişim platformlarında, genellikle büyük kamu etkinlikleri, siyasi kampanyalar veya reklam stratejileriyle ilişkili olarak duyulan bir terimdir. Çoğu kişi "zihinsel manipülasyonun" ne anlama geldiğini anlıyor ancak tanımı ve kapsamı hakkında kapsamlı bir bilgiye sahip olmayabilir.

Zihinsel manipülasyon, başka bir kişinin düşüncelerini, onları istediğiniz şeyi yapma konusunda etkilemek için şekillendirmeyi ve manipüle etmeyi içerir. Bir manipülatör, aldatıcı veya etik olmayan yollarla başkalarını etkiler.

Manipülasyon genellikle hedefler üzerinde bir dereceye kadar kuvvet uygulanması anlamına gelir; yani manipülatörler, hedeflerin kendilerinin muhalefetine rağmen hedeflerini istediklerini yapmaya zorlamaya çalışacaklardır.

Şimdi, filmlerdeki gibi insanların beyinlerini yıkamaktan bahsettiğimde, sıklıkla tasvir edildiği gibi adam kaçırma ve beyin yıkama tekniklerini kullanmaktan bahsetmiyorum. Tartıştığım şey, kontrol edildiklerinin farkında olmadan başkalarını bir şeye ikna etmek için kullanılan ince teknikler ve stratejilerdir.

Aslında usta manipülatörler, insanların dışarıdan gelen provokasyonlar nedeniyle değil, kendi başlarına hareket ediyormuş gibi görünmesini sağlar. Yine de manipülasyonun bir miktar gücü vardır; örneğin televizyon istasyonları sizi sponsorların ürün veya hizmetlerini satın almaya teşvik etmek için programlarını ve reklamlarını izlemeye zorlar.

Ancak bu durumda zorlamadan kolaylıkla kaçınılabilir:

Sadece kanalları değiştirin. Ancak programlama ve reklamcılık istemeyeceğiniz şekilde tasarlanmıştır.

Diğer manipülasyon biçimleri çok daha doğrudan olabilir. Siyasi partiler ve adaylar genellikle "en iyi adaya oy verin" ve "geleceklerine değer veriyorsanız falancaya oy verin" gibi eylem çağrılarıyla kendilerini tanıtırlar. Bu tür açık ikna girişimlerine siyasi kampanya reklamlarında sıklıkla rastlanmaktadır.

Bu kitabın ilk bölümünün yaygın manipülasyon biçimlerinin anlaşılmasına ve tanınmasına odaklanmasının nedeni budur. Gezegenin her yerinde insan zihnini kontrol etmeye çalışan bir çeşit gizli komplodan bahsetmiyorum; bunun yerine eğitimli kişiler, sizi kendi gündemlerinin arkasında tutmak için fikirlerinizi etkilemeye çalışabilirler.

Tekniklerini anladığınızda, yalnızca kendinizi ve sevdiklerinizi dış etkilerden korumakla kalmaz, aynı zamanda gündeminizi başarılı bir şekilde tanıtabilirsiniz. Kimsenin oraya çıkıp doğrudan temas kurduğu insanları bu teknikleri kullanarak etkilemesini teşvik etmiyorum; Bunun yerine, kendinize hayatta ihtiyacınız olan avantajı sağlamak için gerektiğinde bu taktikleri kullanın.

Rahatlamak; olağanüstü bir maceraya atılmak üzereyiz. O halde arkanıza yaslanın ve yolculuğa çıkın.

BÖLÜM 3: KARANLIK PSIKOLOJI GÜNÜMÜZDE NEDEN VE NASIL KULLANILIYOR?

Pek çok kişi karanlık psikoloji taktiklerini kötü niyetle kullansa da siz bunları başkalarına zarar vermeden de kullanabilirsiniz. Bu tekniklerden bazıları, aşağıdakileri içeren çeşitli koşullar nedeniyle, farkında olmadan veya kasıtlı olarak araç kutumuza eklenmiştir:

Çocukken çevrenizdeki yetişkinlerin davranışlarını ve nasıl etkileşim kurduklarını gözlemlersiniz.

* Ergenlik çağında zihniniz ve etrafınızdaki davranışları kavrama kapasiteniz önemli ölçüde keskinleşti.

* Başkalarının belirli taktikleri nasıl kullandığını ve başarıyla uyguladığını gözlemleyebildiniz.

* Başlangıçta belirli taktikleri kullanmak istemeden yapılmış olabilir. Ancak arzu ettiğiniz şeyi elde etme konusundaki değerlerini kanıtladıktan sonra, ticaretinizin kasıtlı araçları haline gelebilirler.

* Politikacılar, konuşmacılar veya satış görevlileri genellikle arzu ettikleri hedeflere ulaşmak için bu gibi teknikleri öğrenirler.

Düzenli Olarak Kullanılabilecek Karanlık Psikoloji Taktikleri

* Aşk Seli: Aşk seli, başkalarını isteğinize uymaya ikna etmek için dalkavukluk yapmayı içerir. Örneğin, bir başkasının eşyaları evinize taşımasına yardım etmesini istiyorsanız, sevgi seli kullanmak onun bunu yapma olasılığını artırabilir ve işinizi kolaylaştırabilir. Karanlık bir manipülatör, hedeflerine karşı avantaj sağlamak için aşk akışını bu şekilde kullanabilir.
Onlara kendilerini yakın hissetmelerini sağlayın, sonra normalde yapmaktan kaçınabilecekleri şeyleri yapmaya ikna edin.

* Yalan söylemek: Yalan söylemek, yapılmasını istediğiniz şeyi gerçekleştirmek için bir başkasına yanlış veya süslü bilgi vermek, örneğin kısmen doğruyu söylemek veya istediğini yaptırmak amacıyla abartı yapmaktır.

* Aşk İnkarı: Aşkın inkar edilmesi, kurbanları için yıkıcı olabilir çünkü onları manipülatör tarafından terk edilmiş hissettirir. Esasen bu, arzu ettiğiniz şeyi elde edene kadar sevgi ve sevgiyi esirgemeyi içerir.

* Geri çekilme: Bu taktik birine uygulandığında, sessiz muameleye maruz kalabilir veya ihtiyaçları başkaları tarafından karşılanana kadar kaçınılabilir.

* Seçeneklerin Kısıtlanması: Manipülatörler, kurbanlarını onaylamadıkları seçimleri yapmaktan alıkoymak için bazı seçenekler sunabilir.

* Anlamsal Manipülasyon: Bu taktik, konuşmanın tarafları arasında geniş çapta kabul görmüş tanımları olan sözcükleri kullanır; daha sonra mağdura, konuşmada söz konusu kelimeyi kullanırken farklı bir şeyi kastettiğini söyleyin. Tanımını değiştirmek, çoğu zaman diyaloğu, manipülatörün, birisini kendi iradesine teslim etmesi için kandırmasına rağmen, amaçladığı şekilde değiştirir.

* Ters Psikoloji: Birine, aslında farklı tepki vereceği beklentisiyle bir şekilde hareket etmesi söylendiğinde, ancak her şey manipülatörün amaçladığından farklı bir şekilde ortaya çıkar. Temelde, ters psikoloji tam olarak adından da anlaşılacağı gibi çalışır: insanların manipülatörün istediği şekilde davranmasını sağlamak.

Gölge Taktiklerini Kim Kasıtlı Olarak Kullanacak?

Dışarıda size karşı şantaj yapan birçok insan olabilir ve hayatınızın çeşitli yönlerinde ortaya çıkıp varlıklarını son derece tehlikeli hale getirebilirler.
Karanlık psikoloji taktiklerinden nasıl kaçınılacağını öğrenmek zorunludur ve bu tür stratejileri kullanan bireylerin bazı örnekleri şunları içerir:

*Narsistler: Bu kişiler genellikle kendileri hakkında abartılı görüşlere sahiptirler ve başkalarını bu gerçekliğe ikna etme ihtiyacı duyarlar. Bu narsistler, karşılaştıkları herkes tarafından tapınılma ve saygı görme arzularını tatmin etmek için ikna ve karanlık psikoloji tekniklerine başvurarak bu amaca ulaşırlar.

* Sosyopatlar: Sosyopatların çekicilik, zeka ve ikna etme havası vardır - ancak yalnızca istediklerini elde etmek için. Yaptıkları şeyden dolayı herhangi bir duygu ya da pişmanlık duymadıkları için, istediklerini elde etmek için yüzeysel ilişkiler de dahil olmak üzere karanlık psikoloji tekniklerini kullanmak onlar için sorun değildir.

* Politikacılar: Karanlık psikolojiyi kullanan politikacılar, seçmenleri kendi bakış açılarının üstünlüğüne inandırarak kendilerine oy vermeye ikna edebilirler.

* Satış görevlileri: Tüm satış görevlileri size karşı gizli taktikler kullanmaz, ancak satış rakamlarını yakalamaya odaklananlar, başkalarını manipüle etmek ve daha hızlı sonuç almak için ikna tekniklerini kullanabilirler.

* Liderler: Karanlık psikoloji teknikleri, ekip üyelerini, astlarını ve vatandaşları istediklerini yapmaları konusunda etkilemek amacıyla liderler tarafından uzun süredir kullanılmaktadır.

* Bencil İnsanlar: Bencil bireyler, kendi ihtiyaçlarını başkalarının ihtiyaçlarının önüne koyan herkesi içerir. Bu insanlar, öncelikle kendilerine fayda sağladığı sürece herhangi bir durumda kimin fayda sağladığıyla ilgilenmiyorlar - eğer bu, diğerlerinin daha az alması anlamına geliyorsa, bu sorun değil - ancak bir taraf kaybettiğinde, muhtemelen diğer taraf değil, onlar olacaktır.
Bu liste iki işleve hizmet eder. Birincisi, yapmak istemediğiniz şeyleri yapmanız için sizi manipüle etmeye çalışanlara karşı daha bilinçli olmanıza yardımcı olacaktır; ikincisi, kendini gerçekleştirmeye yardımcı olabilir. Bu kitabın ana amaçlarından biri, sizden bir şeyler arayanları, herhangi bir olumsuz yansımayı dikkate almadan tanımanızdır; bu şekilde kendinizi karanlık psikolojiye karşı koruyabilirsiniz.

Hayatımızı Kim Kontrol Ediyor Toplumdaki manipülasyonun uzun tarihini gözlemlemek ilginçtir. İkna hakkında daha fazla bilgi sahibi olmak, onunla başa çıkma konusunda daha donanımlı olmanızı sağlayacaktır.

Bu bölüm bize yaşam ve ticarete uygulanan manipülasyona kısa bir bakış sunacak. Manipülasyonun nerede olabileceğini ve sizi kimin manipüle etmeye çalıştığını anlayarak, bunun günlük hayatımızdaki yaygınlığı hakkında bir fikir edinecek ve bizi manipüle etmeye çalışanları tespit edeceğiz. Manipüle eden herkesin mutlaka kötü niyetli olması gerekmez; bazen insanlar gerçekte oldukları kişiye aykırı davranabilir, hatta kendileri bunun farkına bile varamazlar! Ticari işletmeler, müşterilerini ürün ve hizmetlerini satın almaya teşvik etmek için ikna tekniklerini kullanır; bu tür taktiklerin farkına varmak, bu tür taktikleri daha başarılı bir şekilde ele almamıza yardımcı olacaktır!

Bireyler olarak hayatta sorumlu seçimler yaptığımıza inanmayı severiz. Ne yazık ki, her zaman tam kontrol sağlanamıyor; özellikle de yetiştirilme tarzımız üzerinde doğrudan söz sahibi olmayan ebeveynlerinin etkisi altındaki çocuklar için. Eğitim sistemine girdiğimizde daha da manipüle oluyoruz. Öğretmenler toplumsal normlar ve toplumdaki bizden beklentiler hakkında bilgi verir; Daha sonra yetişkinler olarak, kendi davaları için oy kazanmayı ümit eden politikacıların manipülasyonuna bile açık hale gelebiliriz. Birçoğu, tüm politikalarını desteklemeseler bile, gelecek için vaat ettiklerine göre belirli partilere oy vermeye ikna ediliyor. Bu, politikacılara hayatlarımız üzerinde güç veriyor; gerçekten sorumlu muyuz, yoksa sadece ikna mı ediliyoruz?
Bu kitabın ilerleyen kısımlarında hem gizli hem de açık çeşitli manipülatif taktikleri inceleyeceğiz. Her şeyden önce, manipüle edildiğinizi fark etmeniz gerekir, böylece

buna karşı koyabilirsiniz; uzmanlar aramızdaki bu tür davranışlara ilişkin görüşlerini sundular.
Manipülasyon Sanatını Tanıma

Günlük yaşamımızda nerelerde dikkatli olmalıyız?

İkna Edici Dil Resimleri binlerce hikaye anlatır; kelimelerin bize ilham verme konusunda daha da güçlü bir etkisi vardır, bazen manipülasyon noktasına varır. Dramatik konuşmasıyla sizi harekete geçmeye motive eden bir hatipten hiç ilham aldınız mı? Ve kelimeler harika bir kitapta tamamen kaybolduğunda bile bizi etkiler; Kelimelerin, duyularımız bize aksini söylese bile bizi bir şeye inanmaya zorlayan gücü vardır! İletişim, insanları normalde yapamayacakları şeyleri yapmaya ikna etmede etkili bir güç olarak kullanılabilir.

* Reklamcılar ve satış görevlileri, ürünlerinin tam olarak ihtiyacımız olan şey olduğuna bizi ikna etmek için dil kullanırlar; örneğin:

Ekonomik; Uygun; Eğlenceli; Zaman Kazandırır ve Memnuniyeti Garantilidir.

Tüm bu sözlerin bizi ürün veya hizmetlerine güvendiklerine nasıl inandırdığına dikkat edin.

Politikacılar sıklıkla aşağıdaki gibi bir dil kullanır:

"Biz" - sizi onların dünyasına davet etmek için.

Kendinizi ekibimizin bir parçası gibi hissedin

Bu iletişim stratejileri kendimizi dahil edilmiş ve dolayısıyla önemli hissetmemizi amaçlamaktadır.

Zorbalar kendi kişisel hedeflerine ulaşmak için hem kelimeleri hem de saldırgan davranışları kullanırlar.

Psikopatlar, sosyopatlar ve narsistler gibi suçlu yırtıcılar, başka bir bireyi kontrol altına almak için ikna edici bir dil kullanırlar. Psikolojik manipülasyona ilişkin altı teori vardır; 1 bilişsel önyargı teorisi burada potansiyel bir form olarak incelenmiştir.

İknayla ilgili geniş çapta tanınan çeşitli psikolojik süreçler ve teoriler vardır; bunlardan biri, reklamcılıkta yaygın olarak kullanılmasının yanı sıra ikna faktörlerini belirlemede bugün hala değerini kanıtlayan Anthony Greenwald'ın 1968 tarihli Bilişsel Tepki Modelidir.

Greenwald, iknanın başarısını belirleyen şeyin kelimelerin değil, daha çok duyguların olduğunu öne sürüyor; Duygular, ne kadar kolay ikna edildiğimizde kelimelerden daha büyük bir rol oynayacaktır.

İçsel düşünceler, bireyin kişiliğine bağlı olarak hem olumlu hem de olumsuz yönleri içerecektir. Bu bir öğrenme süreci değil, daha çok birinin bir mesajı olumlu ya da olumsuz bilişlerle (bilişlerle) görüp görmediği ile ilgilidir.

İknacılar, karşı argümanları etkili bir şekilde ele almak ve hedeflerinin bunlardan herhangi birini geliştirmek için yeterli zamana sahip olmasını engellemek için uzmanlıklarına güvenmelidir. Ayrıca ikna eden kişi, başarı oranını artırmak için olumlu argümanların daha kolay ortaya çıkmasını teşvik etmelidir - bu da "ikna etkisini" arttırır.

Eğer hedef, söylemek istediğiniz şey konusunda önceden uyarılmışsa ikna daha zorlayıcı hale gelir; bu, eğer "mesajınız" şu anda inandıkları şeye aykırıysa karşı argümanlar geliştirmelerine olanak tanır. Richard E. Petty'nin 1977'de yaptığı araştırma bu noktayı kanıtladı: Bir olay hakkında bilgilendirilen öğrencilerin ikna olma olasılıklarının, önceden uyarılmayan öğrencilere göre daha az olduğunu gösterdi.
2 Karşılıklılık
İknaya duyarlılığımızı açıklamaya yardımcı olacak iyi araştırılmış bir teori, sosyal geleneklere dayanan Karşılıklılık Kuralı'nda yatmaktadır. Birisi size bir iyilik yaparsa veya sizin için iyi bir şey yaparsa, büyük ihtimalle bu iyiliğe bir şekilde karşılık vererek karşılık vermek zorunda hissedersiniz.

Bilinçaltında Karşılıklılık da devreye girebilir. Farkında olmadan, bir zamanlar sizin için bir şey yaptığı ve kendinizi buna mecbur hissettiğiniz için birisinin sizden talep ettiği iyilikleri veya iyilikleri yapmayı kabul edebilirsiniz; istekleri normalde hayır dedirtecek olsa bile.

Şirketler satışları artırmaya çalışırken genellikle bu taktiğe başvururlar. İşletmeler, ücretsiz numuneler veya sınırlı süreli denemeler sunarak müşterilerin bu iyiliğe karşılık verme ve bir sözleşmeyi satın alma veya yenileme konusunda kendilerini zorunlu hissetmelerini umuyor.

Karşılıklılık köklü bir psikolojik süreçtir. Bu, geçmişte hayatta kalma şansımızı artırabilecek uyum sağlayıcı bir davranıştır; başkalarına yardım ederek, onların bir gün size yardım etme olasılığını artırırsınız. Ancak karşılıklılığın dezavantajları da olabilir: Birisi bize haksızlık ettiğinde intikam alma içgüdümüz de bizi harekete geçirebilir.

Akademik araştırmalar Karşılıklılık Kuralını güçlü bir şekilde desteklemektedir. Burger ve arkadaşları (2009), talepte bulunan kişi geçmişte onlara bir iyilik yaptığında katılımcıların istekleri kabul etme olasılıklarının nasıl daha yüksek olduğunu gösteren bir araştırma yürüttüler.

Bilgi İşleme Yöntemleri 3

Aldatma, herhangi bir manipülatörün alet kutusundaki temel araçlardan biridir. Kurbanlarına, düşünme tarzlarını bozmak ve onları savunmasız bırakmak için eksik veya yanıltıcı bilgi vermeyi içerir. Manipülasyon aynı zamanda ikna edici ve manipülatör olarak kasıtlı beden dilini kullanmayı da içerir.
McCornack'ın teorisi doğru ifadeleri tanımlayan dört ilkeyi sıralıyor; bunlardan herhangi bir sapma, mesajı kasıtlı olarak aldatıcı hale getirecektir. Bu maksimumlar şunları içerir:

Miktar
Miktar, sunulan bilginin "miktarını" ifade eder. Çoğumuz, alıcının mesajımızı ne çok fazla ne de çok az vermeden tam olarak anlayabileceği kadar yeterli veri sunmaya çalışırız; çok azı kafa karışıklığına neden olabilir; fazlası bunaltabilir. Bununla birlikte, bir manipülatör, argümanlarına ters düşecekse ilgisiz olduğunu düşündüğü bazı parçaları dışarıda bırakarak bu miktarla oynar ve bu uygulamaya "ihmal ederek yalan söylemek" denir.

Kalite, verilen bilginin doğruluğunu ifade eder. Gerçek iletişimi sağlamak yüksek kalite olarak kabul edilir; aksi takdirde alıcılar, manipülatör gücünü kazanmayı amaçlayan kasıtlı yanlış gerçekleri veya açıkça yalanları duyabilirler.

İlişki
Burada bilginin mesajla "ilgisini" tartışıyoruz. Garip bir soruyu geçiştirmek veya kendi zayıflıklarını gizlemek için manipülatörler, dikkati gerçekten tartışılması gereken şeyden başka yöne çekmek veya yanlış yönlendirmek amacıyla sıklıkla yanıltıcı konularla konuyu değiştirir; ya da onlara dinleyiciler üzerinde daha fazla güç verecek bir şeyi aşırı vurgulamak.

Biçim Bir mesajı iletme biçimi. Bütünleyici bir bileşen vücut dilidir: Dinlerken, gündemlerini vurgulamak amacıyla mesajlarının sunumunu yanıltmak için abartılabilen çekimleri ve yüz ifadelerini okuruz.

Birini manipüle etmek veya ikna etmek için yalan söylemek yeni bir şey değil; ancak günümüzün küreselleşmiş ortamında gücü daha da arttı. Sosyal medya iletişim platformları her zaman iki kişi arasında doğrudan yüz yüze teması içermiyor, bu da manipülatörlerin bu tür yazışmalarda bilgileri yanlış sunmasını veya yalanlar üretmesini kolaylaştırıyor.

Tüm manipülasyonların mutlaka olumsuz olması gerekmez; bazen kendimiz için iyi kararlar verme konusunda yardıma ihtiyaç duyarız ve Dürtü Kuramı tam da bu noktada işe yarar; Olumlu pekiştirme sistemi, değişim için küçük dürtüklemelere dayanır.

Skinner'ın çalışmaları veya davranışçılık bu teorinin ne kadar yararlı olabileceğini göstermektedir. Olumlu pekiştirme olarak ödülleri sunarak davranışçılık, bireyleri sizin istediğiniz doğrultuda hareket etmeye ikna edebilir.

Müşterilerin ikinci en yüksek fiyatlı ürünü satın almaları için nasıl ek bir teşvik verildiğini gösteren bu örnekte dürtme görülebilir - tüm bunlar restoran işletmecisinin yararınadır! Müşterilere bu ekstra destek verildi.

Dürtme Teorisi son derece etkili bir ekonomik strateji olabilir. Ancak uygulaması, davranış değişikliklerini teşvik etmek ve kişisel tercihleri şekillendirmek için ekonominin çok ötesine uzanır; kabul edilen sosyal normlar bile bu teknikle değiştirilebilir.

Dürtme o kadar etkili bir stratejiydi ki, Britanya Hükümeti politikaların geliştirilmesine yardımcı olmak amacıyla 2010 yılında Dürtme Birimi olarak bilinen bir Davranışsal İçgörüler Ekibi kurdu.

Her ne kadar "dürtmeyi" kullanmanın bazı bariz avantajları olsa da, psikolojik manipülasyon kullanmak bireyin sivil özgürlüklerini ihlal edebilir.

5 Sosyal Manipülasyon Stratejisi
Psikolojik manipülasyon, politikacılar veya güçlü insanlar tarafından kendi çıkarlarını geliştirmek için sıklıkla kullanılan bir manipülasyon biçimidir. En kötü ihtimalle, psikolojik manipülasyon bir sosyal kontrol biçimi olarak hizmet ediyor - bireyselliği ortadan kaldırırken halkı kendilerine verileni kabul etmeye zorluyor - ancak olumlu uygulamaları arasında örneğin sağlığın ve refahın iyileştirilmesi yer alıyor.

İktidarda olan ve sosyal manipülasyonu kullanan kişi, önemli konuları saptırmak için dikkat dağıtıcı teknikler kullanabilir. Tekliflerinin sadece kendilerine değil, bir bütün olarak ailenize ve onun geleceğine fayda sağlayacak şekilde tasarlandığını iddia ederler;

onlardan herhangi bir farklılık yanlış ve bencilce görülecektir; bu tür ikna, bireylere neredeyse çocuk muamelesi yapar; amacı herkesi yanlış olan her şeyin tamamen kendi sorumluluğunda olduğuna inandırmaktır, tek çözüm ise daha iyisini bilen uzmanların rehberliğini dinlemektir.

Böyle bir siyasi strateji, bir toplumsal soruna dikkat çekerken diğerlerini örtbas etmeyi içerecektir. Bu taktik halk arasında sosyal huzursuzluk ve paniğe yol açmayı amaçlıyor; Toplumda huzursuzluk yaratarak insanlar iyileşme için değişiklik talep etmeye başlayacaklar. Bu nedenle, sağlık hizmetleriyle ilgili sorunlarını gizlemek amacıyla bir departman suçun önlenmesine yönelik bütçesini azaltarak suç istatistiklerinin hızla yükselmesine ve vatandaşları suç sorunlarını nasıl çözeceklerini en iyi bildiklerine ikna etmek için tasarlanmış bilgiler beslemesine neden olabilir. Politikacılar kendi gerçeklerini ve gerçeklerini yayarak propagandayı beslerler; bunlar her zaman doğru olabilir veya olmayabilir; Bazen istatistikler gibi abartılı bilgiler bile istenen etkileri elde etmek için kötüye kullanılabilir. Sosyal manipülasyonun istenilen sonuçlara ulaşması yıllar alır.

Psikolojik manipülasyon sosyal etkinin bir parçasıdır ve hepimizi bir dereceye kadar sosyal kukla haline getirir. Çoğumuz farkına bile varmadan psikolojik manipülasyona başvuruyoruz!

Toplumun beklediği gibi, toplumdaki uyumsuzlukların önlenmesi için toplumun standartlarına uymak ve uymak bizim sorumluluğumuzdur.
Bir an için en çok hangi gadget'ı veya ev geliştirme ürününü satın almak istediğinizi düşünün: Bir arkadaşınızın, komşunuzun önerdiği veya internette öne çıkan bir şey sizi ona daha çok imrenmenize neden oluyor mu? Sosyal manipülasyon da bu şekilde çalışır: gardımız düştüğünde başkaları tarafından kolaylıkla ikna edilebiliriz; bunun iyi mi kötü mü olduğu tamamen bireysel bakış açısına bağlıdır.

Daha önce tartışıldığı gibi, her sosyal manipülasyon kötü değildir; hatta olumlu sonuçları bile olabilir. "Manipülasyon" terimi, vicdansız insanların insanları kendi istekleri doğrultusunda yönlendirdiği imajını çağrıştırsa da, doğru kullanıldığında bir bütün olarak topluma fayda sağlayabilir. Sosyal manipülasyona iyi bir örnek, sağlık uzmanlarının bizi daha fazla meyve ve sebze yemeye teşvik etmesi ("günde 5 kampanya") veya sigara içenlerin sayısının azalmasına ve sigaraya bağlı hastalıkların görülme sıklığının azalmasına yol açan sigarayı bırakma kampanyaları olabilir; bu tür taktikler en iyi haliyle etkili baskı biçimlerini oluşturur!

6 Gaz Aydınlatma
Gaslighting manipülasyonun en acımasız şekli olabilir. Bu, bir kişinin akıl sağlığına ve özsaygısına şüphe tohumları ekerek şüphe düşürme girişimidir; sıklıkla tekrarlanan

yalanları yem olarak kullanarak, sonunda bunların gerçek olduğuna inanmaya başlarsınız.

Gaslighting, bir kişinin diğer kişinin kendisinden şüphe etmesine ve kendine olan tüm güvenini kaybetmesine neden olduğu, tam bir psikolojik çöküntüye ve düşmanın varlığı tarafından boyun eğdirilmesine yol açan insanlık dışı bir manipülasyon şeklidir. Gaslighter'lar, hedefleriyle çelişerek ya da her zaman yanlış anladıklarını öne sürerek sürekli olarak hedeflerini baltalarlar; bazen onları yalan söylemekle suçlarlar; bu, tamamen yabancıların baskıcı kontrolü altına girmeden önce kendi değerini azaltmak için tasarlanmış bir eylemdir. zalimlerin kendileri. Bu meydana geldiğinde, baskıcılarının baskıcı varlığına maruz kalırlar; onlar da sonunda dış kaynakların baskıcı etkisine yenik düşmeden önce itaatkar hale gelirler. Gaslighter'lar karşılığında onlar üzerinde güç ararlar ve sonunda baskıcı efendilerinin kurbanı olurlar.
Etkileyici manipülasyonu, istismarcı kişisel ilişkilerde sıklıkla görülen bir zihinsel istismar biçimidir. Etkileyici, kurbanının kendilerinden şüphe etmesini sağlamak için çeşitli teknikler kullanır; hatta kendileriyle aralarında yaşanan geçmiş olayları inkar ederek anılarını sorgulama noktasına kadar varır.

Gaslighting'in tamamen etkili olması zaman ve çaba gerektirir. Bir manipülatör, kurbanını uzun bir süre yıpratır ve bu da kurbanın kendi akıl sağlığından şüphe etmesine neden olur.

Dr. George Simon PhD, Teksas Üniversitesi'nden Klinik Psikologdur. Stresli kişiliklere sahip insanlarla, özellikle de psikopatlarla yaptığı çalışmalarda, bulguları onu belirli kişilik türlerinin manipülasyon konusunda oldukça becerikli olduğu sonucuna varmasına yol açtı; Yalanlar ve saldırgan bir dil kullanarak kurbanlarının zihnine şüphe yerleştirmeyi başardılar, ta ki sonunda hedefleri kendilerine olan inancını yitirene ve manipülatörün söylediklerine inanıp sonunda onun kontrolü altına girene kadar.

Bölüm 4: Karanlık Mekanlarda Kullanılan Teknikler

Psikoloji Sırları
Çoğu psikolojik teknik hem karanlık hem de beyaz psikoloji uygulamalarına hizmet eder; bunların faydası onları kullananların niyetine bağlıdır.

Bu bölümde yasa dışı amaçlarla kullanılan çeşitli psikolojik tekniklere bakacağız.
Karanlık İkna
İkna, beyaz psikolojide sıklıkla kullanılan, açık ara en sık kullanılan psikolojik tekniktir; neredeyse hepimiz bir noktada bu disiplinin bir parçası olarak iknayı kullanmışızdır; ancak çok az kişi iknayı karanlık psikoloji manipülasyonunun etkili bir biçimi olarak kullanmıştır.

Karanlık iknayı daha derinlemesine incelemeden önce, onun temel bileşenlerini ele alalım.

İkna Nedir? Mes İkna, istenen sonuçları elde etmek için bir bireyin tutum veya davranışını motive edecek, etkileyecek veya değiştirecek şekilde ikna edici argümanlar kullanmanın psikolojik uygulamasıdır.

İkna Etme İpuçları Başarılı bir şekilde ikna edici olabilmek için ustalaşmanız gereken birkaç temel ikna stratejisi şunlardır:

Uzman tavsiyesi almak için araştırma yapın

Bir düşünce lideri olun - başkalarının düşüncelerine yön vermek ve örnek olarak liderlik etmek.

Açıklayıcı ifadeler ve iddialılık kullanarak kendinize güvenin:

Alaycılığı mümkün olduğu kadar azaltmak.

Mantıklı olun ve ince tepkilere yanıt olarak tepkileri izleyin; talep etmek yerine aktif olarak dinleyin ve öneride bulunun; aktif olarak gözlemleyin; duygusal açıdan zeki olmak

İkna Taktikleri
İşte birkaç temel ama önemli ikna taktiği:

İletişim kurduğunuz kişinin adını kullanın.

Kişisel olarak bağlantı kurun ve uyum sağlayın.

İlişkileri geliştirin ve karşılıklılık için kapılar açın

Motive edici kelimeler kullanın Esnek ve uyarlanabilir olun; her hedefe ayrı ayrı uyacak şekilde uyum sağlayın (genel yaklaşım yok). NLP'nin yansıtma ve eşleştirme tekniğinden yararlanın.

Bandwagon efektini avantajınıza kullanın

Dikkatlerini çekecek bir kıtlık duygusu yaratarak, ikna ettiğiniz kişiler arasında bir miktar belirsizlik yaratın.

Kasıtlı boşluklar (bilgi boşlukları) aracılığıyla gerilim yaratın.

"Kapıya ayak basma" stratejisini uygulayın; daha sonraki daha büyük talepler için daha fazla kapı açacak küçük bir talepte bulunun.

İkna etmeye çalıştığınız kişilere teklifinizin değerinin altını çizmek, onları bu önerinin değerli olduğuna ikna etmeye çalışırken çok önemlidir, çünkü her insan bilinçaltında kendisine "bunun benim için ne faydası var?" diye sorar.

mes Bandwagon Etkisi
Çoğunluk etkisi, insan gruplarının o kalabalık veya grup içindeki bireysel üyeler üzerinde sahip olabileceği kolektif etki olarak tanımlanabilir.

Aşağıda çoğunluk etkisinin bazı temel özellikleri verilmiştir:

Sürü zihniyeti - insanlar başkalarını takip etmenin başarıya yol açacağına ikna olduklarında uyma eğilimindedirler Sosyal Kanıt - insanlar en popüler amaç gibi görünen şeyi takip etme eğilimindedir

Olumsuz sosyal kanıtları (çöp atma, ağaç kesme, kötü cinsel davranış, aşırı içki içme ve sigara içme gibi) kınamak aslında bunu teşvik edebilir. Örneğin, devamsızlığın %15'ten %20'ye çıkmasını eleştirmek, aynı zamanda işi kaçırmayan çalışanların çoğunluğunu (%80+) dikkate alarak ve devamsızlık yapan birkaç bozuk elmanın, diğer çalışanlarla karşılaştırıldığında önemsiz olduğunu tartışarak olumlu sosyal kanıtı da güçlendirmelidir. neyin vurgulanması ve daha da azaltılması gerektiği.

Aldatma

Aldatma, başka bir kişiyi önceden tanımlanmış hedeflere veya beklentilere uygun olarak hareket etmeye ikna etmek amacıyla bir fikri örtbas etmek, itibarsızlaştırmak veya teşvik etmek amacıyla yanlış bir şeyi gizlemeye, yanlış sunmaya veya öne sürmeye çalışan herhangi bir eylem olarak tanımlanabilir.

Aldatma, gerçekliğin yanlış bir temsilini iletmek için görünüşleri manipüle etmeyi içerir.

Aldatmanın özü gizlenmede yatmaktadır. Yaygın aldatma teknikleri şunları içerir:

Propaganda, yanlış bilgilerin gerçek veya gerçekmiş gibi yayılmasını içerirken kamuflaj, nesnelerin gerçek doğasını gizler; Bir bölgeye sızmak için hayır işlerini siper olarak kullanmak buna bir örnek olabilir.

Gösteriş, başka bir benliği üstlenmek anlamına gelir; örneğin, kişi suçluyken masummuş gibi davranmak, kendini tamamen sağlıklı hissettiğinde hasta gibi davranmak, aslında önemli bir şeyi kutluyorken kederliymiş gibi davranmak vb.

Gizemlendirme - Bilgiyi saklayarak veya doğaüstü görünen şekillerde davranarak doğaüstü bir hava yaratın ve kendinizi inançlara yatkın olanlar için çekici hale getirin.

Saldırganlık: Sihirbazlar, sihirbazlar ve aktörler, insanların dikkatini kendilerinden uzaklaştırmak ve kişisel hedeflere ulaşmak amacıyla kendi lehinize çevirmek için sıklıkla bu taktiği kullanırlar. Bu taktik aynı zamanda konser gibi halka açık performanslar yoluyla sonuç elde etmeye çalışırken de işe yarar.

Aldatma Türleri
Aldatma iki temel biçim alır.

Görevli yalan (taklit etme) - aldatmanın aktif biçimleridir. Kasten yalan söyleyen bir kişi, maddi gerçekleri kasıtlı olarak kendi çıkarları doğrultusunda değiştirerek doğrudan aldatır veya doğrudan yalan söyler.

Simülasyon veya İhmal (İhmal Ederek Yalan) - Simülasyon yalanları, aldatmaya girişen birinin maddi gerçekleri doğrudan değiştirmediği dolaylı aldatma biçimleridir; daha ziyade aldatılanların karar verme sürecini değiştirebilecek şeyleri gizlerler.

Sahtekârlık
Her türlü aldatma eylemi gibi kandırmaca da kurbanlardan kişisel çıkar elde etme hedefini daha da ileriye taşır. Dupery, kurbanları kişisel veya hain çıkarlar için kullanmadan önce tuzağa düşüren tuzaklar veya yemler kurmayı içerir.

Beyin yıkama

Beyin yıkama, birine bağımsız eleştirel araştırma fırsatı vermeden inançlarını aşılama sürecini ifade eder.

Doktrinlendirme için kullanılan stratejiler:

Ezberleme eğitimi: Dua sırasında mantraların tekrarlanması veya dua sırasında boncukların sayılması gibi tekrarlanan eylemler yoluyla insanların hafızalarına bilgi basılması uygulamasına ezber eğitimi denir.

Onaylama yapmak üzere eğitilmiş kişilere, belirli ifadeleri doğrulayan sözcükler söylemeleri talimatı verilir, böylece bu ifadelerin doğru olduğu izlenimi yaratılır.

Gerçeğin ve Gerçeklerin Engellenmesi - Bu taktik, beyni yıkananların, "şeytani" olarak kabul edilen kitaplar gibi hakikat veya gerçek kaynaklarına erişmelerini engellemeyi amaçlamaktadır. Bu tür kitapları okurlarsa kabus görecekleri veya vampir ruhları tarafından ziyaret edilecekleri konusunda onları uyarmak gibi korku psikolojisi teknikleri de kullanılabilir.

İtiraf - Her birimizin günahlarla dolu bir geçmişi var. Bizi pişman eden yaptıklarımız olabilir; Beyin yıkama taktiklerinden biri, insanları itiraf etmeye zorlamayı içerir. İnsanlar itiraf ettiklerinde, beyin yıkamayı yapanlar karşısında ahlaki otoriteleri zayıflar ve bu da onları beyin yıkamaya doğru teslim olma yoluna sürükler.

Tecrit - Tecritin temel amacı, kişiyi beyin yıkamayı imkansız veya daha zor hale getiren etkilerden uzaklaştırmak, onu aileden, toplumdan veya normal ilişkilerden tamamen uzaklaştırmaktır. Böylece mağdurlar aileden, toplumdan ve normal ilişkilerden kopabilir ve bu da onları, güvendikleri üçüncü taraflardan bu iddialarla ilgili başka bir görüş almadan, beyin yıkamayı yapanların söylediği her şeye inanmaya yöneltebilir. Tecrit aynı zamanda gerçeklerin ve gerçeklerin güvenilir üçüncü taraf bakış açılarıyla objektif olarak değerlendirilemediği durumlarda bir tür engelleme işlevi de görür.

Suçluluk Empoze Etme - Suçluluk empoze etme, zorla itirafa benzer; ancak suçun empoze edilmesi, herhangi bir yanlış davranışı keşfetmenin yollarını bulan ve daha sonra bu eylemi ona karşı suç yüklemek için kullanan beyin yıkamacılar tarafından mağdurun zihnine bir suçluluk duygusu aşılamayı içerir. Tıpkı zorla itirafta olduğu gibi, bu taktiğin temel amacı suçluluğun empoze edilmesidir.

İtiraf, mağdurun ahlaki konumunu zayıflatmaya ve onları psikolojik teslimiyete itmeye hizmet edebilir.

Fobi Dayatımı - Psikolojik korku, beyin yıkamacıların beyin yıkama teknikleri yoluyla aşılanabilir; Mağdurlar kendi etki alanlarının dışında faaliyet göstermenin giderek zorlaştığını düşünüyor. Fobi Teşvik Sigortası Örneği Şirketler, potansiyel müşterinin sevdiklerinin canını veya malını sigorta ettirmemeyi tercih etmesi durumunda ortaya çıkabilecek potansiyel riskleri abartarak potansiyel müşteriler üzerinde korku uyandıran taktikler kullanırken, hükümetler genellikle sigortalarını zorlamak için korku aşılamaya başvuruyor. gündemler.

Ritüellerin kişinin psikolojisinde silinmez bir izi vardır; bu da neden pek çok geleneğin, dinin, tarikatın, siyasi örgütün ve sivil grubun ritüelleri uygulamalarının bir unsuru olarak kullandığını açıklamaktadır. Ritüeller, dua veya cenaze törenlerinden önce veya savaş başlamadan önce yapılabilir; bu törenler, beyin yıkamayı yapanlar tarafından ileri sürülen önerilere karşı duyarlılığı artırır.

Uyarılmış bağımlılık - Manipülatörler genellikle bu taktiği, kurbanları üzerinde üstünlük kazanmak istedikleri ilişkilerde kullanırlar; örneğin, yoksulluğu sürdüren emperyalist veya sömürgeci varlıklar, onu kaderinden kurtarıyormuş gibi davranırlar. Bağımlılığı artırmak ve mağdurları sömürüye daha yatkın hale getirmek için tasarlanmış koşulları içeren koşullu yardım veya hibeler sunabilirler. Bu bilinçli yoksullaştırmanın bu kadar aşırı bir yoksulluğa yol açmayacağı, bu kadar cömert yardım ve hibelerle sonuçlanmayacağı için bu durum bağımlılığı doğuruyor. Evlilik partnerleri sıklıkla güvensiz bir partnerin, partnerini bağımlı kılacak koşullar yaratmasına izin verir; güvensiz bir koca onu daha bağımlı hale getirebilir.
Karısı işini kaybettiğinde güvensiz bir koca, işsiz eşini daha kolay kontrol edebilir ve manipüle edebilir, çünkü o onun mali bağımsızlığının ana kaynağı olarak hizmet eder. Mali özerkliğin olmaması onu kocasının emirlerine karşı savunmasız bırakıyor.

Cezalandırma - Teşvik sistemi oluşturularak ve ceza olarak testler/sınavlar sunularak, beyin yıkama programını geçenler buna göre cezalandırılır.

Endoktrinasyonun Özellikleri

Şaşırtıcı olmayan bir şekilde, beyin yıkama hayatımızın çoğu alanına nüfuz ediyor; evlerde (ebeveynler ve öğretmenler tarafından), okullarda (öğretmenler tarafından), kamusal yaşamda (politikacılar ve hükümetler tarafından) vb. gerçekleşiyor.

Beyin yıkama araçlarının bazı temel özellikleri şunlardır:

Beyin Doktrininin Kaynakları Olarak Korku, Dogmatizm, Fundamentalizm, Bilişsel Kapanış ve Algılanan Yoksulluk

Beyin yıkamanın çeşitli gizli ve açık kaynakları olabilir; İşte yaygın olarak açık olan birkaç kaynak:

Dini Kurumlar, Okullar ve eğitim kurumları

Ebeveynlerin Medya Rehberi (Ana Akım, Alternatif Medya ve Sosyal Ağ Siteleri).

Politikacılar
Evli Eşlerin Beyin Yıkama 'Beyin yıkama' terimi, kişinin mevcut eski inançlarını sisteminden çıkarıp, birisi tarafından istenmeden veya isteyerek benimsenmeden gelen yeni inançlar lehine değiştirme sürecini ifade eder. Beyin yıkama rıza olmadan gerçekleşir.

Beyin yıkamanın birçok şekli olabilir; bazen incelikli ve istemsizdir, bazen de şiddetlidir. Şiddet içeren bir örnek, haçlı seferleri ve cihat sırasında zorla din değiştirmeydi. Bu gibi durumlarda mağdurlar olup bitenin farkındadır ancak bunu ölüm gibi daha büyük zararlardan kaçınmak için etkili bir başa çıkma mekanizması olarak kabul ederler.

Şiddet içeren beyin yıkama, tipik olarak militan tarikatlarda ya da suç örgütlerinde, mağdurların kendilerini kaçış yolu olmadan kapana kısılmış halde buldukları durumlarda meydana gelir.

Şiddet içeren beyin yıkamanın potansiyel kurbanları şunlardır:

Mahkumlar (özellikle savaş esirleri)

Esaret Altındaki Köleler
Kaçırılan Kölelik Kurbanları, Esir Edenler Tarafından Satılıyor
Yasadışı uzaylılar İnce beyin yıkama genellikle kurbanın haberi olmadan gerçekleşir; Burada fail, daha kolay ikna edilebilecek duyarlı mağdurları arar. Dahası, bu savunmasız mağdurlar genellikle kendilerini tatmin edici psikolojik boşluklara yol açan zor koşullar altında bulurlar.

Aşağıda farkında olmadan beyin yıkamanın birkaç potansiyel kurbanı verilmiştir:

Bilinmeyen Kronik Hastalıkla mı Yaşıyorsunuz? Cevabınız evet ise lütfen bunu okuyun.

Yalnız yaşamak için evden ayrılan küçükler genellikle uzakta ikamet ediyor.

İşini kaybeden ve duygusal açıdan acı çeken insanlar derin bir çaresizlik içerisinde.

Sevdiklerinizi boşanma veya ölüm nedeniyle kaybetmek son derece acı verici olabilir.

Beyin Yıkamada Ortak Adımlar

Beyin yıkayıcıların kurbanlarının beyinlerini yıkamaya çalıştıklarında tipik olarak attıkları adımlardan bazıları şunlardır:

1. İzolasyon
2. Benlik Saygısının Boyun Eğdirilmesine Saldırı
5 Aşk Bombalamasının Test Edilmesi
Beyin yıkayıcılar, aile veya yakın çevre üyelerinin, kurbanın başına gelenleri hızlı bir şekilde tespit edip onu kurtarabileceğini bilir; bu nedenle, kurbanı altüst etmek için attıkları ilk adım, onu aile veya arkadaşlar gibi kendilerine yakın olanlardan izole etmektir. .

Örneğin kült liderler, yakın aile ve arkadaşların olumsuz düşüncelerini kurbanlara aşılayabilir, enerjiyi tüketen ve insanları kronik olarak hasta eden psişik vampirler gibi onlara karşı kullanılan beyin yıkama taktiklerinin bir sonucu olarak kendileri ve sevdikleri arasında bölünme yaratabilir; Kurban, hastalık ve çaresizlik nedeniyle bu tür beyin yıkama taktiklerine yenik düşebilir ve sonuçta kendisini beyin yıkamaktan tamamen kurtarabilecek birinden kendisini izole edebilir.

Benlik Saygısına Saldırı Düşük özgüvenden veya düşük özsaygıdan mustarip olan bir kurban, beyin yıkamaya karşı savunmasızdır ve dolayısıyla bir beyin yıkayıcı, bu duruma, özsaygısına saldırarak ulaşmaya çalışır.

Beyin yıkayıcılar, kurbanlarının kendine değer verme duygusunu zayıflatmak için çeşitli stratejiler kullanır:

Sözlü ve fiziksel istismar: Genellikle kurbanı insanlıktan çıkarmak ve değerlilik duygusunu zayıflatmak için şiddetli beyin yıkama tekniklerinde kullanılır.

Uyku yoksunluğu - Yeterli düzeyde dinlendirici olmayan insanlar, farkındalığın azalması nedeniyle psikolojik baskıya karşı daha savunmasızdır. Tam farkındalık olmadan, hızlı bir şekilde uykuya dalmak için biraz huzur ve sessizlik arayan bitkin bir kişi için beyin yıkama talimatları daha kolay hale gelir.

Gözdağı-Tehdit, beyin yıkayıcıların, cezalandırma tehdidi veya bizzat cezalandırma gibi, birini iradesi olmadan boyun eğmeye zorlamak için kullandıkları birçok teknikten biridir.

Utandırma: Bu strateji, potansiyel bir kurbanın gizli kalmayı tercih edeceği hoş olmayan bir sırrı varsa, örneğin çıplak fotoğraflar elde etmek veya bu tür bireylerde evlilikte sadakatsizliği teşvik etmek için çeşitli yöntemler kullanmak durumunda kullanılabilir. Bir beyin yıkayıcı bu materyalleri ele geçirdiğinde, bu materyal hakkında kamuya hiçbir şey açıklamadan, hedefi adına ahlak dışı davranışı gösteren genelleştirilmiş terimler kullanarak kurbanı kurnazca utandırmaya başlar. Kurban bu ipuçlarının nereye varacağını anlıyor ve bu nedenle beyin yıkayıcısının bu utanç verici içerikleri ifşa etmesini engellemeye kararlı, bu da ona kurbanının beynini yıkamak için gereken üstünlüğü sağlıyor. Beyin yıkama senaryolarına örnek olarak kurbanları kendi değerlerine ve öz değerlerine zarar veren ritüelleri gerçekleştirmeye zorlamak ve onları beyin yıkayıcılarına daha da boyun eğdirmek verilebilir. Zamanla kurbanlar, karşılık vermek yerine beyin yıkayıcılarını desteklemeye başladıkları Stockholm Sendromu geliştirebilirler.
Beyin Yıkayıcıyı Koruyun (bu, bilinçaltında onların "sırlarını" korumak anlamına gelir)

Beyin yıkayıcılar, temel ihtiyaçların karneye bağlanması gibi kıtlık yaratmayı kullanır ve kurbanları boyun eğdirmek için bunları yalnızca kendi emirleri doğrultusunda hareket eden bir kişiye serbest bırakır. Beyin yıkama, mağdurların tamamen itaatkar hale gelmeleri için tam kontrol altına almayı amaçlamaktadır.

Aşağıda boyun eğdirmek için kullanılan birkaç taktik verilmiştir:

Biz ve Onlara Karşı Aşırı İstismar
Aşk bombalaması Aşırı taciz Bir mağdur aşırı istismara maruz kalır; Genellikle duygusal ve psikolojik istismara başvuruluyor; fiziksel istismar, incelikli beyin yıkama teknikleri için değil, yalnızca şiddetli beyin yıkama amacıyla kullanılıyor.

Biz ve Onlar
Kurban, beyin yıkayıcısı ile bir bütün olarak toplum arasında seçim yapmak zorunda kalıyor. Bu kurbanın kaçma şansı yok.

Beyni yıkanmış özneler, hâlâ "onlara", yani dış dünyaya dair herhangi bir düşünce taşıyan kurbanları tanıtıyor. Mağdurların, beyinleri yıkanmış özneler olan "bizimle" kalmayı düşünmeye yönelik herhangi bir girişimi, beyin yıkamaya katılmaya ve "onları" terk etmeye karar verene kadar ciddi istismara yol açacaktır.

Test veya Değerlendirme,

Test, mağdurun seçimini yapıp yapmadığını ve artık "onlara" katılmak isteyip istemediğini tespit etmek için yapılır ve aynı zamanda mağdurun itaat düzeyini de test eder.

Gizli kontrol altında, kurbanlar belirli bir tarihte geri dönmeleri koşuluyla "onlara" (genel nüfusa) bırakılabilir ve "bize" (beyni yıkanmış gruba) geri dönmeyi seçip seçmedikleri gizlice izlenebilir.

Eğer kurban geri dönmek istemezse kaçırılır ve bizim ortamımıza geri gönderilir ve böylece kısır döngü yeniden başlar.

Kurbanın isteyerek geri dönmesi durumunda aşk bombalaması olarak bilinen ikinci aşamaya geçiyoruz.

Mağdurların çoğu topluma geri dönüş yolculuğunu çok zorlu buluyor ve bu nedenle kaybedilenleri yeniden inşa etmek yerine eve geri dönmeyi tercih ediyor.

Aşk Bombalaması Testler kurbanın beyninin başarılı bir şekilde yıkandığını gösterdiğinde, onu katılmaya teşvik etmek için aşk bombalama teknikleri kullanılabilir.

Aşk bombalaması övgü, konu sırasına göre terfi, alınan hediyeler vb. içerebilir. Karanlık baştan çıkarma "Karanlık baştan çıkarma", bireyleri yalnızca bir tarafın kişisel çıkarını tatmin eden ve her iki taraf için de somut getiri sağlamayan ilişkilere ikna etmek amacıyla karanlık manipülasyon taktiklerini kullanmak üzere tasarlanmış psikolojik araçların kullanımını ifade eder.

Vicdansız bir baştan çıkarıcı, kendi şehvetli amaçlarını tatmin etmek için kurbanının arzularıyla oynar.

Her ne kadar baştan çıkarma genellikle karşı cinsle ilişkilendirilse de, aynı cinsiyetten birini ve hatta kendini cinsel olmayan biri olarak tanımlayanları da kapsayabilir.

Karanlık baştan çıkarma yalnızca cinsel eylemleri içermez; daha ziyade belirli hedeflere ulaşmak için cinsel uyarıyı kullanır.

Cinsel uyarılma mağdurları daha az mantıklı ve akılcı hale getirir ve dolayısıyla manipülasyona daha açık hale getirir.

Aşağıda karanlık baştan çıkarmanın birkaç tekniği verilmiştir:

Aşk Bombalaması, açıkça talep edilse de edilmese de başkalarına hediye olarak kışkırtıcı ifadeler ve basmakalıp sözlerin gönderilmesini içerir.
Karanlık baştan çıkarmanın birincil amacı, bireyin ilkel kimliğine hitap etmek ve anti-yatırımları azaltmaktır; böylece onu süper egodan kopmaya ve hedonizmin var olduğu İd'e inmeye teşvik eder.

Bu kimlik durumunu güçlendirmek ve süper ego veya anti-yatırım kanıtlarını ortadan kaldırmak için mağdura karşı erotik eylemler ve ödüller kullanılabilir.

Çoğu zaman, beyin yıkama ve beyin yıkama kişinin süper egosunu parçalamaya yardımcı olabilir. Ancak hipnotizasyon bu amaç için güçlü bir teknik olarak kullanılır; kişinin zihnini, ona sağladığınız herhangi bir öneriyle ikna edilebileceği açık bir duruma çekmek.

Hipnoz altındaki bir kişi, uykuda yürüyen birine benzer; farkındalıkları dış kaynaklardan sinyal almadan tek başına yürümeye odaklanır.

Hipnotik durumdayken kişi bilinçli olarak dış kaynaklardan referans alamaz, yalnızca telkinlerden yararlanır. Zihinleri, normalde içine nüfuz edecek dış sinyallere karşı dayanıklı, aşılmaz bir baloncuğun içinde sıkışıp kaldığından çevresel farkındalık azalır veya tamamen kaybolur.

Hipnotik İndüksiyon
Hipnotik indüksiyon, birine hipnozu tetiklemek için tasarlanmış talimatlar ve öneriler vermeyi içerir.

Hipnozun temel özellikleri:
Bir nesneye veya fikre odaklanan yoğunlaştırılmış dikkat Çevresel farkındalıktan izolasyon

Telkinlere Karşı Artan Alıcılık Beyaz ve koyu hipnoz arasındaki temel ayrım, hipnozcunun niyetinde yatmaktadır: karanlık hipnoz, hipnoz içinden gelen olumlu telkinlerle kendilerini geliştirmelerine yardımcı olmak yerine, kişiyi kendi kendine hizmet eden kazanımlar için kullanmayı amaçlamaktadır.

Beyaz hipnoz, hipnotiklerin bu durumlardan hızlı ve başarılı bir şekilde kurtulmasına yardımcı olarak travmatik veya zararlı bilinç durumlarını hafifletmeyi amaçlamaktadır. Hipnoterapi genellikle beyaz hipnozun ana formu olarak kabul edilir ve sıklıkla terapötik hipnoz olarak anılır.

Hipnoterapi

Hipnoterapi, tıp pratisyenleri tarafından tedavi amaçlı kullanılan bir beyaz hipnotik indüksiyon şeklidir. Ana amaç psikolojik, duygusal ve hatta fiziksel travmanın iyileşmesine yardımcı olmaktır.

Hipnoterapi, hastanın rahatsızlığının kaynağından uzaklaşmasına ve böylece ağrıya karşı duyarlılığın azaltılmasına yardımcı olarak ağrıyı hafifletmek için etkili bir yöntem olarak kullanılabilir.

Hipnoz Hakkında Gerçekler: Hipnoz Gönüllü İradelidir Çocuklar Yetişkinlere Göre Hipnoza Daha Hassastır

İnsanların %15'i hipnotizmaya karşı hassastır.

Bireylerin yüzde 10'u nadiren hipnotize edilebilmektedir.

Fantezi kurmaya yatkın insanlar, karanlık hipnotik indüksiyona çekilmeye karşı daha savunmasızdır. Ayrıca bunun olumsuz sonuçları da olabilir.

Karanlık hipnotik indüksiyonun birçok kurbanı oldu. Yaygın nedenler şunları içerir:

O kadar derinden hipnotize olmuşsunuz ki, sahip olduklarınızı gönüllü olarak bir hipnoz uzmanına teslim ediyorsunuz.

Hırsızlara Kapıyı Kasten Açmak İçin Hipnotize mi Oluyorsunuz?

Hipnotize Olup Kaçıranları İsteyerek İnlerine Kadar Takip mi Ediyorsunuz? Eğer sizin için de durum buysa, onları inlerine kadar takip edecek şekilde hipnotize edilmek muhtemelen bir tür kaçırma ve tacize yol açacaktır.

Manipülasyonu anlamak uzun zamandır hayatın bir parçası olmuştur; İknanın uzun süredir bir beceri olarak uygulanması şaşırtıcı olmasa gerek. Etkisiyle etkili bir şekilde başa çıkmak istiyorsanız, gerçek özünün ne olduğunu bilmek çok önemlidir.

Bu bölümde manipülasyon psikolojisini kısaca gözden geçirerek hayatımızın neresinde var olabileceğini ve kimlerin bizi sömürmeye çalışabileceğini daha iyi anlayacağız. Ayrıca biz farkına varmadan bizi etkilemeye çalışanların belirlenmesine de yardımcı olabilir; örneğin bir patron, çalışanlarını normal kişiliklerine ve davranışlarına aykırı davranmaya teşvik edebilir; Ticaretin incelikli ikna tekniklerini nasıl kullandığını öğrenmek, ticaretin yaygın gücüyle mücadelede size yardımcı olacaktır.

Toplumumuz bizi kendimizi rasyonel seçimler yapabilen bağımsız bireyler olarak görmeye teşvik ediyor; ancak hayatla ilgili kararlar söz konusu olduğunda her zaman tam kontrole sahip olamayız. Çocuklar genellikle ebeveynlerinden yoğun bir şekilde etkilenebilir ve yetiştirildikleri süreç üzerinde herhangi bir kontrole sahip olamazlar. Eğitim sisteminin içine girince daha da yönlendiriliyoruz. Öğretmenler bize toplumdaki sosyal normlar ve beklentiler hakkında her şeyi öğretir; daha sonra yetişkinler olarak oy arayan politikacıların cazibesine kapılırız. Birçoğu, politikalarına inanmasalar bile, gelecek için verdikleri sözlerle belirli partilere oy vermeye ikna ediliyor. Bu politikacılara hayatlarımızı doğrudan etkileyebilecek bir güç veriyor; Gerçekten kontrol bizde mi yoksa sadece usta ikna tekniklerine sahip olanlar tarafından manipülasyona mı maruz kalıyoruz?
Bu kitabın ilerleyen kısımlarında hem açık hem de gizli çeşitli manipülatif yöntemlerin nasıl ele alınacağını ele alacağız. Her şeyden önce, manipüle edildiğinizi fark etmeyi öğrenmelisiniz, böylece buna karşı koyabilirsiniz; Bu amaçla, aramızdaki bu tür davranışlar hakkında uzmanların neler söylediğini de inceleyeceğiz.
Manipüle edildiğinizi mi hissediyorsunuz?

Günlük yaşamımızda ne tür şeylere karşı dikkatli olmalıyız?

İkna Edici Dil Her ne kadar resimler binlerce kelimeyi anlatsa da kelimeler motive etmek, teşvik etmek ve ikna etmek için kullanıldığında çok daha etkili olabilir. Cesur konuşmalarıyla sizi harekete geçiren ve harekete geçiren karizmatik bir hatipten ilham aldığınız tüm o zamanları bir düşünün; ya da farklı bir hikaye anlatan kelimelerle dolu harika bir kitabın içinde tamamen kaybolduğumuzda! Dil, başkalarını bir şeye ikna etmede etkili bir şekilde kullanıldığında son derece güçlü bir güç olabilir; İletişim, insanların davranışlarını değiştirmeye çalışırken veya insanların bir konuda fikirlerini değiştirmelerini sağlarken inanılmaz bir değerdir.

Psikolojik Manipülasyon Teorileri 1 Bilişsel

İknayı çevreleyen psikolojik süreçler ve teoriler iyi bilinmektedir; Anthony Greenwald tarafından 1968'de geliştirilen bu tür teorilerden biri Bilişsel Tepki modelidir. 40 yılı aşkın bir süre önce oluşturulmuş olmasına rağmen ilkeleri bugün de geçerliliğini koruyor ve reklamcılıkta ve diğer ikna biçimlerinde yaygın olarak kullanılıyor.

Greenwald şunu öne sürdü: İknanın başarısını gerçekten belirleyen şey kelimeler değil, alıcının duyguları, iç monologları ve mesaja olumlu ya da olumsuz düşüncelerle (bilişlerle) bakıp bakmadıklarıdır. Bu sürecin yeni materyal öğrenmeyi içermesi gerekmez, ancak birisinin onu etkilemenin kendisi için az ya da çok kolay olacağı şekilde zaten görüp görmediğine göre belirlenir.

İkna ediciler, ikna çabalarına karşı ortaya çıkan karşı argümanların üstesinden gelmek için ikna edici olarak becerilerine güvenmelidir. Hedeflerinin kendilerine ait herhangi bir karşı argüman oluşturmak için yeterli zamana sahip olmasını engellemeli ve olumlu argümanların ön plana çıkmasını teşvik ederek "ikna etkisine" daha yüksek bir başarı şansı vermelidirler.

Amaçlanan hedef ne bekleyebileceği konusunda önceden uyarılırsa, onlara mantık dışı görünebilecek argümanlara karşı kendi argümanlarını hazırlamaları için zaman tanınırsa, ikna daha zorlayıcı hale gelir. Richard E. Petty, 1977'de ön uyarının önemini gösteren bir araştırma yürüttü: Belirli olaylar hakkında bilgilendirilen öğrencilerin ikna olma olasılıkları, önceden bildirimde bulunulmayan öğrencilere göre daha azdı.

Mütekabiliyet
Karşılıklılık Kuralı, iknaya yatkınlığımız hakkında ilgi çekici bir açıklama daha sunuyor: sosyal geleneklere dayanıyor; biri size bir iyilik yaparsa veya sizin için iyi bir şey sağlarsa, büyük ihtimalle bu iyiliğin karşılığını şu veya bu şekilde vermek zorunda hissedersiniz.

Bilinçsizce Karşılıklılık Kuralı ortaya çıkabilir. Farkında bile olmadan, bir noktada sizin için iyi bir şey yaptığı için birisine bir eylem veya iyilik yapmayı kabul edebilirsiniz - bu istek normalde sizin yeterlilik alanınızın dışında kalsa bile. Mecbur kalmanın faydaları bile olabilir;

Satış tekniklerini kullanan şirketler, daha fazla satış elde etmek için genellikle bu taktiği kullanır. Şirketler, müşterilerin ürünlerini satın alarak veya anlaşmayı sürdürerek bu iyiliğin karşılığını vermek zorunda hissetmelerini umarak ücretsiz numuneler veya sınırlı süreli denemeler sunuyor.

Karşılıklılık, tarih boyunca hayatta kalma şansımızı artıran yerleşik bir psikolojik süreç ve uyarlanabilir bir davranıştır. Başkalarına yardım etmek karşılığında yardım alma şansınızı artırabilir ancak karşılıklılığın istenmeyen yan etkileri olabilir; örneğin birisi size zarar verirse, karşılıklılık ona karşı intikam dolu tepkilere yol açabilir.

Akademik araştırmalar Karşılıklılık Kuralını destekler. Burger ve diğerleri (2009), katılımcıların geçmişte kendilerine iyilik yapan birinin isteklerini kabul etme olasılıklarının daha yüksek olduğunu buldu.

Bilgi Manipülasyonu Adım 3

Aldatma, manipülatörlerin kullandığı temel stratejilerden biridir. Bu strateji, mağdurlara sınırlı ve kafa karıştırıcı bilgiler sunarak düşünme kalıplarını değiştirmeyi ve onları daha duyarlı hale getirmeyi içerir. Aldatma, birini ikna etmek ve manipüle etmek için kasıtlı olarak vücut dilinin kullanılmasını da içerebilir.
McCornack ve ark. (1992), manipülasyon süreçlerine yardımcı olmak için mesajların tahrif edilebileceği çeşitli yolları vurgulayan bir çalışma yürüttü. McCornack'ın teorisi doğru ifadeleri yönlendiren dört ilkeye dayanmaktadır; herhangi bir ihlal, bu mesajın kasıtlı bir aldatmaca olduğu anlamına gelecektir. Onlar içerir:
Miktar Bilgisi "miktar", ne kadar dağıtıldığını ifade eder. Çoğumuz, alıcının mesajımızı anlayabilmesi için yeterli veriyi vermeye çalışırız; ne çok azı, ne de çok fazlası kafa karışıklığına yol açabilir. Ancak manipülatörler, argümanlarıyla alakasız olduğunu düşündükleri belirli parçaları saklayarak veya argümanı zayıflatacağını düşündükleri bilgileri saklayarak bu miktarla oynayabilirler - bu uygulamaya "ihmal ederek yalan söylemek" denir.

Kalite, iletilen bilgilerin doğruluğunu ifade eder. Doğru iletişim Yüksek Kalitededir; bu prensibi ihlal ettiğimizde alıcı, manipülatöre diğerleri üzerinde güç veren kasıtlı yanlış gerçekleri duyar.

İlgililik Burada mesajımızla ilgili bilgilerin "ilgililiğinden" bahsediyoruz. Garip bir soruyu saptırmak veya rahatsız edici bir tartışmayı atlatmak için, manipülatörler genellikle kendi çıkarları doğrultusunda konuyu değiştirirler - ya kendi içlerindeki zayıflıkları gizlemek için ya da onlara dinleyicileri üzerinde daha fazla güç verecek bir şeyi aşırı vurgulamak için.

Sunum Şekli Bir sunumun nasıl "sunulduğuna" göre belirlenir. Beden dili bunda önemli bir rol oynuyor. Dinlerken ses tonu ve yüz ifadeleri bir mesajın nereden geldiğini açığa çıkarabilir; Manipülatörler, dinleyicileri mesajlarının kendi gündemlerini vurguladığına inandırmak için kurnazca yanıltmak amacıyla bu özellikleri abartabilirler.

Başkalarını kandırarak kasıtlı olarak manipüle etmek veya ikna etmek yeni bir taktik değildir; ancak günümüz toplumunda kullanımı özellikle güçlü hale geldi.
Çevrimiçi ve sosyal medya iletişimi her zaman yüz yüze karşılaşmaları gerektirmez, bu da manipülatörlerin yanlış gerçekleri yaymasını veya bilgileri abartmasını kolaylaştırır. Manipülatörler bu tür iletişim biçimlerini kullanarak gelişebilirler.

4 Dürtme Her türlü manipülasyon zararlı değildir; Bazen uzun vadede kendimize yarar sağlayacak kararlar alırken yardıma ihtiyaç duyarız. Bu hedefe ulaşmak için Dürtüleme Teorisi özellikle yararlı olabilir: çeşitli "dürtmeler" yoluyla küçük dozlarda hafif itmeler vererek pozitif takviyeyi genişletmek.

Skinner'ın çalışmaları veya Davranışçılık bu teorinin ne kadar faydalı olabileceğini göstermektedir. İstenilen davranış için ödül şeklinde olumlu pekiştirmeler sunan bu teori, insanları istenen yöne doğru itebilir.

Burada "dürtmenin" bir örneğini görebilirsiniz. Her ne kadar yüksek fiyatlı ürünlerin eklenmesi verimsiz görünse de, sonuçlar aslında ikinci en yüksek fiyatlı ürünün satışlarını artırdı ve bu da müşterileri onu satın almaya itti; bunların hepsi restoran işletmecilerinin ve onların kârlılığının yararına oldu.

Richard Thaler, yaygın olarak Nudge Teorisinin "babası" olarak kabul edilir ve davranışsal ekonomiye yaptığı önemli katkılardan dolayı İktisadi Bilimler alanında Nobel Anma Ödülü'ne layık görülmüştür. Dürtme Teorisi olumlu pekiştirme veya "dürtmeler" sağlar.

Dürtme Teorisi son derece etkili bir ekonomi teorisi olabilir; ancak uygulaması, davranış değişikliklerini teşvik etmek ve kişisel tercihleri etkilemek ve kabul edilen sosyal normları bu şekilde değiştirmek için ekonominin çok ötesine uzanır.

Nudging öyle bir başarı elde etti ki, 2010 yılında İngiliz Hükümeti politika geliştirmeye adanmış bir Davranışsal Analizler Departmanı Ekibi kurdu; bu ekip genellikle Dürtme Birimi olarak anılır.
"Dürtülemelerin" bir bütün olarak toplum için bariz avantajları olabilir, ancak insanları etkilemek için bu tür psikolojik teknikleri kullanmak bireysel sivil özgürlükleri ihlal edebilir.

5. Sosyal Manipülasyon
Psikolojik manipülasyon olarak da adlandırılan sosyal manipülasyon, politikacılar ve diğer güçlü kişiler tarafından kişisel kazanç için kullanılabilir. En kötü biçimiyle, bireylerin bireysel haklarını elinden alarak halkı kendilerine verileni kabul etmeye zorlayan bir toplumsal kontrol biçimi olarak hizmet eder; ancak sosyal manipülasyon,

kişisel sağlık veya refah sorunlarını iyileştirmek için kullanıldığında olumlu bir şekilde kullanılabilir.

Sosyal manipülatörler, önemli konulardan uzaklaşmak için dikkat dağıtıcı teknikler kullanırlar. Önerileri muhtemelen aileniz ve onun geleceği dahil herkese fayda sağlayacaktır; farklı görüşler yanlış ve bencilce olacaktır; bu tür ikna, bireylere çocuk muamelesi yapar; Bu sistem, kalabalığı, yanlış giden her şeyin kendi sorumluluğunda olduğuna ikna etmeye çalışır; bu nedenle, çözüm bulmak için uzmanlardan tavsiyeler geldiğinde dikkatlice dinleyin.

Böyle bir siyasi strateji, halk arasında toplumsal huzursuzluk ve panik yaratmak ve onların talep ettiği değişiklikleri getirmek için bir toplumsal sorunu öne çıkarırken diğerini gizleyecektir. Buna bir örnek, bir departmanın suç önleme bütçesini azaltarak ve dolayısıyla suç istatistiklerini katlanarak artırarak sağlık hizmetleri sorunlarını gizlemek istemesi olabilir; Daha sonra bilgiler, her zaman doğru olmayabilecek gerçekleri ve gerçekleri yayan politikacılar tarafından suç sorunu çözümlerine ilişkin olarak geri beslenecektir (örn. istatistiklerin kötüye kullanılması).
Sosyal manipülasyonun istenen sonucu ortaya çıkarması yıllar alabilir.

Psikolojik manipülasyon, sosyal etkinin ayrılmaz bir bileşenidir. İletişim Çalışmaları'ndan Profesör Preston Ni, Psychology Today'de bir tarafın, kurbanları kişisel kazanç için sömürmek amacıyla kasıtlı olarak bir güç dengesizliğine yol açmadan önce diğerinin zayıflığını fark ettiği bu tekniğin ana hatlarını çizen bir makale yayınladı.

Bu hepimizi sosyal kukla mı yapıyor? Kısmen. Çoğumuz toplumdaki anarşiyi önlemek için beklentilere uyuyoruz ve uyuyoruz.

Bir an için en çok hangi ürünü veya gadget'ı satın almak istediğinizi düşünün: bir arkadaşınız mı önerdi veya zaten bir taneye sahip miydi? Büyük olasılıkla, başka birinin zaten sahip olduğu veya internette reklamını gördüğünüz bir şey olması, onu daha da fazla istemenize neden oluyor. Bu sadece sosyal manipülasyonun başka bir şeklidir; gardımızı düşürürsek kolayca ikna olabiliriz; bunun iyi mi kötü mü olduğu herkesin kararına bağlıdır.

Sosyal manipülasyon her zaman kötü anlamına gelmez. Doğru kullanıldığında sosyal manipülasyon aslında bir bütün olarak topluma fayda sağlayabilir. Örneğin, sağlık uzmanlarının "Günde 5 Kampanyası" gibi kampanyalar yoluyla bizi daha fazla meyve ve sebze tüketmeye ikna etme çabaları, hatta sigara içme sayısını azaltan ve hastalıkla ilgili risklerin azalmasını sağlayan sigara içmeye karşı kampanyalar, başarılı baskı örnekleridir. taktikler en iyi şekilde.

Gaslighting – en acımasız manipülasyon şekli
Yanlış bilgilerle beslendiğinizi bilmek gibi ilkeler, sonunda bunların gerçek olarak kabul edilmesine yol açar.

Gaslighting etik olmayan bir manipülasyon şeklidir; Gaz çakmakları kurbanlarının kendilerinden şüphe etmelerine ve kendilerine olan tüm güvenlerini kaybetmelerine neden olur ve sonuçta kendilerini daha fazla sorgulamalarına yol açar. Bu, öz değerlerinin aşınmasıyla büyük acılara yol açar. Gaslighting, hedefi istikrarsızlaştırmayı ve onlar için psikolojik tahribat yaratmayı amaçlamaktadır. Manipülatörler, hedefleriyle çelişerek veya onları her zaman hatalı olduklarına inandırarak sürekli olarak hedeflerini altüst edeceklerdir; bazen kendileri hakkında yalan uydurmakla suçlanıncaya kadar onları bu yola sürüklerler. Bu nedenle mağdurlar tüm özgüvenlerini kaybederler; Bu meydana geldiğinde, tamamen baskıcı bir nüfuz sahibi tarafından kontrol edilirler - bu, istismarcı kişisel ilişkilerde yaygın olarak bulunan zihinsel istismarın bir örneğidir - kurbanlarının kendilerinden şüphe etmesini sağlamak ve geçmiş etkileşimlerinde söylediğini veya yaptığını hatırladığı her şeyi sorgulamasını sağlamak için sürekli girişimlerde bulunulur. etkileyici. Kurbanlarına karşı kullanılan bu teknikler, en sonunda anıların kendisini bile sorgulamaya çağırıyor ve kurbanın bu etki sahibi kişiyle geçmişteki etkileşimlerinde daha önce söylenmiş ve yapılmış olan şeyleri bile sorgulamasını sağlıyor.

Gaslighting'in tamamen etkili hale gelmesi zaman alır; faili yavaş yavaş kurbanını yıpratacak, ta ki en sonunda kendi akıl sağlığından şüphe duymaya ve bir manipülasyon olup olmadığını sorgulamaya başlayana kadar.

Dr. George Simon PhD, Teksas üniversitelerinden birinde sorunlu kişilikleri olan insanlarla çalışmış bir Klinik Psikologdur. Araştırmalarının sonuçları onu bazı kişiliklerin, özellikle de psikopatların manipülasyon konusunda usta olduğu inancına götürdü; kurbanlarının zihinlerinde şüphe uyandırmak, kendilerinden şüphe etmelerine ve sonuçta manipülatörün haklı olduğuna inanmalarına neden olmak için gerçekleri çarpıtmak ve saldırgan bir dil kullanmak; sonuçta kendi kontrolü altında savunmasız hedefler haline gelir.

Gaslighting bireylerle de sınırlı değildir; aynı zamanda siyasi oluşumlar tarafından da kullanılmaktadır. Maureen Dowd bu taktiği kullanan yazar ve köşe yazarlarından biri. Hillary Clinton yönetiminin bir rakibe karşı gaz yakma teknikleri kullandığını iddia etti - muhalif siyasi partiden Newt Gingrich bu teknikler yüzünden sık sık histerik görünmeye kışkırtılıyordu. Gazeteciler ve psikologlar da Donald Trump'ın hem başkanlık kampanyası sırasında hem de görevdeyken bu tür yöntemleri kullandığına inanıyor. Örneğin, daha sonra geri çekmeden veya söylemeyi reddetmeden önce ne

kadar sık söylediğini not ediyorlar; bunları klasik gazla aydınlatma teknikleri olarak sınıflandırıyorlar.
Partneriniz sizi aldatıyor ve manipüle ediyor

Kişisel ilişkilerde ortaya çıkan bazı manipülasyon örneklerini inceleyelim, belki siz de bu özelliklerden bazılarını kendinizde tanıyabilirsiniz?

Manipülatörler kontrol konusunda takıntılı olma eğilimindedir; ne kadar çok güce sahip olurlarsa, dişleri de o kadar derine iner.

Gözetleme ve casusluk yapma veya cesur açık eylemlerde bulunma gibi eylemler yoluyla diğer insanların kişisel sınırlarını ihlal edeceklerdir. Bunu yapabilmelerini sağlamak için telefon veya bilgisayar gibi kişisel hiçbir şeyin mülkiyetinize geçmesine izin verilmeyecektir; Hatta şifreleriniz siz farkında olmadan çalınabilir. Bu arada, eğer kişisel alanları bir şekilde tehlikeye girerse, kendi sınırlarını şiddetle korurlar.

Birisi yalnızca kendisine ait olanı paylaşmayı reddettiğinde, örneğin kendi sosyal çevrenizi ziyaret etmenizi engellemek gibi, belirli arkadaşlarınızla görüşmenizi engellemek gibi zorlayıcı eylemler gerçekleşebilir. İlk başta bu tanıdıklarından hoşlanmadıklarını açık bir şekilde dile getirecekler, ancak aslında onları potansiyel tehditler olarak görecekler; kıskançlık normal seyrini alır ve hatta saldırganlığa dönüşebilir.

Onlara danışmadan karar verirseniz, memnun olmayacaklardır. Özgür iradenizi kullanmanızı istemiyorlar, yoksa bir gün onları terk etmekle sonuçlanabilirler!

Kontrol tavsiye şeklinde olabilir; ancak bunu kabul etme konusunda fazla seçeneğiniz yok. Size ne yapmanız ve nasıl davranmanız gerektiği konusunda talimat veriyorlar. Manipülatif ortaklar, günlük programınız hakkında kapsamlı bilgi sahibi olmak isterler ve bundan herhangi bir sapma, muhtemelen sizi daha fazla araştırmaya sevk edecektir. Eğer kendilerini şaşırtan bir şey olursa mutlaka sorguya çekerler, sorguya çekerler.

Sizin üzerinizde güçlerini kanıtlamanın bir yolu olarak, toplum içinde söylediklerinizi sıklıkla eleştirdiklerine ve fikirlerinizi ve düşüncelerinizi küçümsediklerine dikkat edin.

Bu insanlar sizi hemen eleştirmekle kalmıyor, aynı zamanda daha da ileri gidiyorlar: sizi yalan söylemekle ya da kötü anılara sahip olmakla suçluyorlar; Bazen sana manipülatör deme küstahlığını bile gösteriyorum!

Kontrol eden manipülatörler asla tatmin edilemez; o hedefe ulaştığınızı düşündüğünüzde, onu bir kez daha hareket ettirirler ve ilişkinizin tam olarak nerede olduğu konusunda sizi belirsizlik içinde bırakırlar.

İstismarcı Bir İlişkiye mi Giriyorsunuz? Hiç şüphe yok ki, manipülatörlerin ilişkileri muhtemelen mutsuz olacaktır. Manipülatörler öngörülemez olma eğilimindedirler ve kuralları ihlal edildiğinde aniden şiddete başvurabilirler.

İstismarcı bir ilişkiden kurtulmak asla kolay değildir, ancak yardımcı olabilecek kaynaklar vardır. Bunu yapmak güvenli olduğunda, istismarcı partnerlerin mağdurlarını destekleyen yerel kuruluşları internette arayın. Ayrıca hiçbir şey bir manipülatöre özel kalmayacağından tarama geçmişinizi de silin. İlk başta streslidir, ancak derhal gerekli yardım aranmalıdır.
Arkadaşlarınız sizi kendi hamlelerini yapmaya yönlendirmek için sizden faydalanıyor.

Hiç şüphe yok ki yeni ortamlarda bağ kurmak zorlayıcı olabilir ve bazen bu süreç korkutucu veya düşmanca bile gelebilir! Ancak bu meydana geldiğinde insanlar kendilerini sudan çıkmış balık gibi hissederler; bu yabancılaşma duyguları asla göz ardı edilmemelidir! Hayatta hepimiz arkadaşlara ihtiyaç duyarız ve onları nasıl etkileyeceğimizi öğrenmek, tüm bireylerin sahip olduğu temel bir beceri olarak görülmelidir. İnsanlar doğası gereği sosyal hayvanlardır ve başkalarından arkadaşlık ararlar; bu kuralın çok az istisnası vardır!

Arkadaşları Seçmek - Ne tür arkadaşlar istediğinize dair ideal bir profil oluşturun.

İşte üç geniş arkadaş kategorisi:

Tanıdıklarıma (Arkadaşlarıma) Merhaba ve Elveda.

İş gibi ortak ortamlarda tanıştığınız insanlar, o gün için buluşurken merhaba ve hoşçakal diyerek neredeyse otomatik olarak arkadaşınız olma eğilimindedir; ancak bu ortak alanın dışına çıktıklarında, bu arkadaşlar (ki bunlar yalnızca gerçekten tanıdık olabilir) bu etkileşimlerin ötesinde nadiren dahil olurlar; Her ne kadar onları tanımak ve gerektiğinde becerilerinden yararlanmak güzel olsa da, gerçek müttefikleriniz arasında sayılmayabilirler (Yunanlılar, gerçek dostlukları yalnızca bir elde sayabileceğinize inanırlar; akılda tutulması gereken bir şey!).

İçki arkadaşları, golf arkadaşları ve alışveriş arkadaşları; eğlenceli vakit geçiren arkadaşlar hayata gelir ve gider. Hayatı eğlenceli hale getiren şeyleri sizinle paylaşıyorlar çünkü kendileri bundan keyif alıyor, sık sık gülüyor ve birbirleriyle vakit geçirmekten keyif alıyorlar. Bu tür arkadaşlar hayatın anlamı veya iklim değişikliği gerçeği hakkında uzun konuşmalar yapmasa da, zamanla oluşan bu gevşek sosyal bağlantılar paha biçilmez arkadaşlara dönüşür.

Herkes eğlenmeyi sever, bu yüzden fırsat ortaya çıktığında herkes birlikte keyifli bir deneyim yaşar - ancak sizinle ilişkilerinin derinliği açısından çok az şey vardır.

Ruh arkadaşları

Bunlar sabah 3'te telefon görüşmesi yapan arkadaşlarınızdır; gece 3'te uykularını bölerseniz konuşmaya hazır ve istekli olacaklarına güvenebileceğiniz kişilerdir! Bir yolculukta bu insanlarla yanınızdayken Route 66'ya ulaşmadan birbirinizi öldürmeyeceksiniz!

Uzun, anlamlı sohbetler, paylaşılan sırlar ve karşılıklı destek bu dostlukları tanımlar. İyi günde de kötü günde de yanınızda kalan insanlar gerçek ruh eşleridir; siz de onların nezaketine aynı şekilde karşılık verirken, bu kişiler sizi yakından anlarlar. Bazı arkadaşlarınız doğumdan ölüme kadar orada olabilir, bazıları ise yol boyunca tanışırsınız. Bu arkadaşlıkları zamanla kaybolanlardan veya ortalama arkadaşlıklardan ayıran şey, ilişkilerinin derinliğidir. Ruh dostlarına ulaşmak zordur ve tekrar buluştuğumuz zaman sanki hiç zaman geçmemiş gibi hissedebiliriz. Birbirinizi çok iyi tanıdığınız için kaldığınız yerden devam ediyorsunuz; sanki kader bunların senin arkadaşların olacağını önceden belirlemiş gibi. Ruh eşleri kimliklerimizi ve hayatımızda neyin önemli olduğunu yansıtır; üstelik birine ihtiyacınız olduğunda oradalar çünkü kim olduğumuzu çok iyi biliyorlar.

Gerçek arkadaşlıklar kurmak zaman alır.

Gerçek dostluklar bir gecede oluşmaz. Zamanla, taraflar arasındaki gerçek kimya sayesinde kalıcı ve samimi dostluklar oluşur. Romantik ilişkiler gibi, gerçek arkadaşlıklar da, her iki tarafa da doğrudan hitap eden bir iç şarkı gibi, doğrudan her iki tarafa da hitap eden aynı temel kimyasal alışverişe dayanır. Bunun ne zaman gerçek olduğunu bilirsiniz çünkü bu bağlar kendiliğinden oluşmaz; daha ziyade, tanıdığınız ve ona göre hareket ettiğiniz önceden var olan gerçekliklerde bulunurlar. Gerçek ruh arkadaşları hayatınıza ilk kez girdiklerinde, etkileri yadsınamaz olacaktır: anında bağlantı kurduğunuz birinin (varlıkla birlikte) onlar için olduğunu hemen anlayacaksınız!

Ruh Dostları, ister fiziksel ister ruhsal olsun, sonuna kadar yaşamınızda çok değerli bir rol oynayabilir. Orada olduklarını biliyoruz, istediğimiz zaman telefonu alıp arayabileceğimizi ve onları sohbete hazır bulabileceğimizi biliyoruz; bu arkadaşlar hayatı gerçekten yaşanmaya değer kılıyor! Onları özel ve inanılmaz derecede gerekli kılan da budur.

Ruh dostlarımızı ilk bakışta tanımak kolay olsa da, dünya çoğu zaman bunu zorlaştırabiliyor. Ancak ruh dostları bir kez oluştuktan sonra kültürümüzün güvensizliğine rağmen ısrarcı olmaya devam ederler: sizi aramaktan vazgeçmeyecekler ve denemekten vazgeçmeyecekler; Zamanla aranızdaki bağ yıkılmaz hale gelecek ve ömür boyu bir müttefik edinmiş olacaksınız.

Yeni tanıdıklar edinme konusunda nasıl ustalaşabileceğiniz aşağıda açıklanmıştır:

Fazla mı düşündün
Birisiyle tanışırken hiç garip hissettiğiniz, ancak tanıştıktan sadece iki dakika sonra onun yanında kendinizi hemen rahat hissettiğiniz oldu mu? Yeni bir kişiyle tanışmanın onun karakteri veya davranışları hakkında hiçbir ipucu vermediğini unutmayın; bu yüzden her şeyi aşırı analiz etmeniz boşuna mı olur?

Ve yine, yeni insanlarla tanışmanın korkutucu olacağını varsaymak yalnızca o anda korkuya kapılmanıza hizmet eder ve yeni biriyle tanışmayı hiç sevmediğiniz veya sevmediğiniz bir şeye dönüştürebilir. Çoğu zaman insanlara karşı utangaç olduğumuzda bunun nedeni, ömür boyu sürecek anlamlı ilişkiler kurmamızı engelleyen korkudur; diğer insanlarla yaşanan kötü deneyimler, bu büyüme sürecini önemli ölçüde engeller; bu nedenle, bu korkutucu buluşma yanılsamasından mümkün olan en kısa sürede kurtulmamız çok önemli! Bu eğilime karşı koymak ve anlamlı bağlar kurduğumuzdan emin olmak için, insanlarla tanışmanın bizi korkutacağına, temkinli kılacağına veya bundan tamamen hoşlanmayacağına dair her türlü varsayımı bırakmalıyız - kendinizi bu düşünceden arındırın, böylece uzun sürmesi gereken anlamlı, uzun süreli bağlar kurmaya hazır olun. ömür boyu. Bu nedenle, birisiyle tanışmanın bizi temkinli yapacağı ya da iğrenç karşılaşmaların yaşanacağı yanılsamasından kendimizi uzaklaştırmamız en iyisi olacaktır; genellikle bizi birine (veya herhangi bir karşılaşmaya) karşı garip veya utangaç hissetme yoluna yönlendirir. Hayat bizi bireysel izolasyon silolarına sürükler, bu da bizi şüpheye düşürür, hayatı zorlaştırır ve kalıcı bağlantılar kurmaya çalışmak onlarca yıl sürebilir! Buradaki çözüm, biriyle tanışmanın birisiyle veya herhangi biriyle tanışmayı yeni hale getireceği şeklindeki bu efsaneden kendinizi kurtarmaktır - bunun yerine, biriyle tanışmanın, yeni biriyle tanışmanın herhangi bir şey yapmak anlamına geldiği fikriyle tanışmaktan doğrudan korkmak anlamına geleceği fikrinden kendinizi kurtarmaya çalışın. ... Yabancılarla tanışmak göz korkutucu olabilir, bu nedenle ilk konuşmaya nasıl yaklaşacağınız konusunda fazla düşünmeyi bırakın; hayatınızı zenginleştirebilecek anlamlı bağlantıları nasıl kuracağınızı öğrenin. Bu önemli ilişkileri gereğinden fazla düşünmek, insanların yapması gerektiği gibi birbirleriyle asla gerçek veya kalıcı bir şekilde bağlantı kuramayan, yalnız ve izole insanlar olarak kalmamıza neden olabilir.

Karşı tarafın sizinle tanışmak konusunda gergin olup olmadığını kim bilebilir? Bu belirsiz zamanlarda çoğumuz birbirimize karşı güvensiz hissediyoruz ve karşılaştığımız herhangi birinin gerçek güdüleri ve niyetleri olup olmadığını merak ediyoruz. Büyük ihtimalle öyledir; bireyler arasındaki güven kaybolmuştur.

Rahatlayın ve zihninizde o ilk buluşmanın olumlu bir imajını oluşturun; sağlığı tasvir eden bir şey. Ne yazık ki birçok kişi ilk bakışta sizi haksız yere yargılayabilir. Herkes bilmeye değer olanlarla ilgili kültürel varsayımları taşır. Muhtemelen siz de öyle. Kendinizi başkalarına açmanın ve evrenin sizinle bağlantı kurmasına izin vermenin anahtarı, kendinizi açmak ve olayların organik bir şekilde ortaya çıkmasına izin vermektir - bu harikalar yaratır! Sahip olmaya değer arkadaşlar, yalnızca yüzeysel özelliklere dayanarak hüküm vermenin akıllıca olmadığının farkındadır. Korku yalnızca zihinlerimizde bulunur; onu ortadan kaldırın! İnsanları etkili bir şekilde okumak yerine ön yargılarınızı ve korkularınızı bir kenara bırakın ve sezgilerinize güvenin. Kendinize ve bilginize güvenin; onların tavırlarını, konuşma kalıplarını ve gerçekte kim olduklarını açığa çıkaran sözsüz göstergelerini okuyarak, insanların dürüst olup olmadıklarını anlayacak kadar bilgi sahibi oldunuz. Kendinize güvenin ve kendinize güvenin; korkacak bir şey yok; şüpheye veya tereddüte gerek yok!

Artık sosyal etkileşimlere balıklama dalmaya ve benzer düşüncelere sahip bireyleri arkadaş olarak bulmaya fazlasıyla hazırsınız. Sosyal psikoloji uygulamalarından edindiğiniz yeni beceriler, aramayı çok daha basit hale getirmelidir.
Kimin kötü, kimin iyi olduğunu çok çabuk tespit edin. Büyük Kötü Kurt hâlâ var olsa da, siz becerikli ve yetenekli, sosyal açıdan bilinçli bir birey haline geldiniz; Artık gözünüze yün çeken biri tarafından kandırılmaya karşı savunmasız değilsiniz. Yeni bilgileriniz, tanıştığınız kişilerden kimlerin gerçek dostunuz olabileceğini ayırt etmenizi kolaylaştırır; Artık tahmin yürütmeye gerek yok - artık işin püf noktalarını anladınız!

Kendi Hızınızda Hareket Edin
Uzun bir süre sosyal iletişimden uzak kaldıysanız, yeni insanlarla tanışmak, yeniden başladığınızda (örneğin bir seminerde veya partide) göz korkutucu gelebilir. Ancak, yaklaşan bir etkinlikte bulunacağını bildiğiniz arkadaşlarınızı veya tanıdıklarınızı arayıp katılmadan önce onlarla buluşarak bu ikilemi önleyebilirsiniz; bu, sosyal ortamlara yeniden girerken zihninizi rahatlatacaktır. Bir etkinliğe vardığınızda endişeniz önemli ölçüde azalmış olmalı. Birinin orada olacağını bilmek sizi başkalarıyla tanıştırabilir, arkadaşlarınız da muhtemelen hissettiğiniz gerilimi hissedecek ve destek olarak orada olacaklardır; tanıdığınız birinden yardım istemekten asla çekinmeyin; arkadaşlar bunun için oradalar! Bu kitap boyunca keşfettiğimiz gibi paha biçilmez destek sağlıyorlar!

İzolasyondan Sonra Sosyal Hayatı Yeniden Kurmak mı İstiyorsunuz? İşte Geçişi Kolaylaştıracak Bazı Etkili Çözümler:

Tanıdıklarınıza ulaşarak başlayın; merhaba-güle güle, minimum risk içeren kolay bir ilk adımdır.

Halihazırda sahip olduğunuz küçük arkadaş gruplarını da içerecek şekilde sosyal çevrenizi genişletin; basitçe insanların nasıl ilişki kurduğunu gözlemlemek; Korkutucu veya korkutucu hissetmeden, gruplar halinde insanların yanında olma alışkanlığına geri dönmek. Korkutucu olmasına gerek yok; işleri yavaştan al.
Arkadaşlarınızın yeni kişilerle katıldıkları toplantılara katılarak sosyal çevrenizi genişletin. Tekrar aktif bir sosyal yaşam sürmek istediğinizi duyduklarında çoğu kişi size yardımcı olmaktan mutluluk duyacaktır!

Konfor alanınızın dışına çıkın ve her zamanki tanıdık çevrenizin dışındaki insanlarla sosyalleşme davetlerini kabul edin. En tatlı meyvenin kenarda olduğunu söylerler, o yüzden dışarı çık! Kendiniz ve başkaları hakkında daha fazla şey öğrenirken yeni insanlarla yeni deneyimlerin tadını çıkarın; insanlar neden sizin kadar büyüleyici ve zeki biriyle tanışmak istemesin?

Sosyalleşmede proaktif olun! Yeni insanlarla tanışmak için aktif bir yaklaşım benimseyin.

Sosyal iletişimi sürdürme konusunda rahat olduğunuzda ve artık başkalarından yalıtılmış hissetmediğinizde, önceden tanıdığınız ve size yeni gelen kişileri proaktif olarak arayabilirsiniz. Arkadaşlar ve tanıdıklar sosyal bağlantının temelini oluşturur ancak aşağıdakiler gibi aşina olmayabileceğiniz alanlara doğru genişlemelisiniz:

Hobilerinizi ve diğer ilgi alanlarınızı paylaşan bir gruba katılın.

Atölye çalışmalarına katılmak veya atölye çalışmaları veya ortak ilgi alanlarınıza yönelik çalışma kursları gibi ilginizi çeken eğitim kurslarına katılmak için kaydolun. Tüm üyelerin ortak hedefleri paylaştığı bu tür gruplarda arkadaş edinmeniz kolay olacaktır.

Gönüllü olun ve bu süreçte yeni arkadaşlar edinirken kendinizi hizmet etmekten keyif alırken bulacaksınız. Sadece bu da değil, gönüllülük, geliştirmeyi umduğunuz becerileri ve yetenekleri geliştirmenin mükemmel bir yolunu sağlar. Atölye çalışmaları veya gruplar gibi, ilgi alanlarını paylaşmak gönüllü grup üyeleri arasında ortak bir bağ sağlar ve gönüllülük de bundan farklı değildir!
Doğum günü partilerine, sosyal etkinliklere ve bağlantı kurmak istediğiniz kişilerin buluşabileceği diğer toplantılara davetleri kabul edin. Tanışmak istediğiniz kişilerin öne çıkmasını engelleyebilecek tüm engelleri aşın.

Benzer ilgi alanlarını paylaşan insanlarla sosyal etkinliklere ve "buluşmalara" katılın. Ayrıca düzenli olarak barlara gitmek de yardımcı olabilir; her yerde konuşacak ilginç birini arayan insanlar var; belki onlar da sizin gibi izolasyondan veya sosyal durgunluktan bir çıkış yolu istiyorlardır! Ufkunuzu genişletmekten sorumlu olan tek kişi sizsiniz; başka hiç kimse onları sizin için dışarıya doğru itemez.

Çevrimiçi topluluklara katılın - bunlar sanal olabilir, ancak kişisel deneyimlerime dayanarak bunların gerçek dünyada arkadaşlıklara yol açabileceğini biliyorum. Örneğin, Facebook ve diğer çevrimiçi topluluklar aracılığıyla gerçek dünyadan pek çok arkadaşla tanıştım; bazen düşüncelerinizi yazılı olarak paylaşmak, iletişimi sözlü olmaktan daha kolay hale getirir; bu, ilk toplantının ötesinde kalıcı bağlantılar kurmaya yardımcı olabilir! Ayrıca, potansiyel yeni arkadaşınızla gerçekten tanışmadan önce yazma stilini analiz edebilirsiniz!

İnsiyatifi almak
İnsanların size yaklaşmasını beklemenize gerek yok; sonuçta onlar da sizin kadar çekingen olabilirler. Hiç kimse ailesi dışında kimseyi tanıyarak doğmaz; o zaman bile insanlarla tanışmak çoğu zaman tesadüfi olabilir. İnsanlara "nasılsın" ve "nerelisin" gibi basit sorular kullanarak yaklaşın. Etrafınızdakilere karşı açık olmanız, insanların size ne kadar kolay açılacağı konusunda inanılmaz bir fark yaratacaktır!

Kendiniz ve bir yabancı arasındaki buzları kırmaya çalıştığınızı unutmayın, bu yüzden fazla konuşmayın. Dost canlısı olun ancak müdahaleci olmayın ve başkaları hemen yanıt vermezse hayal kırıklığına uğramayın; mümkün olduğunca kendinizi onların yerine koyun.
Nerede durduklarını değerlendirmek için bu kitaptan alınan dersleri kullanın ve onlarla orada tanışın. Başkalarını yargılarken nazik olun; herkes bir noktada herkesi yargılar! Her iki katılımcının da karşılıklı vahiy almayı umduğu bireyler arasındaki etkileşimlere zaman ayırın.

Yargılayıcı olmaya yönelik her türlü cazibeyi reddedin.

Hiç kimse mükemmel değildir; buna siz de dahilsiniz. İnsan doğası, hayatta kalma içgüdümüzden kaynaklanan, insanları tanımadan önce oldukça sert bir şekilde değerlendirmemize yol açar ve bize tehlike yaratabilecek kişilerden uzak durmamızı söyler. Ancak modern insanların elinde, bir arkadaşta istedikleriyle eşleşmeyen kişileri belirlemelerine olanak tanıyan sözsüz dil becerileri de dahil olmak üzere daha etkili araçlar bulunmaktadır.

Karşılaştığımız kişilere açık kalmak, daha derin dostluklara açılan kapıdır çünkü başkalarının tarzlarını, görünüşlerini veya tutumlarını daha fazla kabul etmemize yardımcı olur. İnsanları küçük tuhaflıklar yüzünden reddetmemek, çevremize kimin girebileceğini daha fazla kabullenmenin anahtarıdır - işin sırrı budur! Bazen en beklenmedik kişi zamanla en gerçek dostumuz olur. Herkes arkadaşlık arar ama hayatını birlikte geçireceği arkadaşları seçmeden önce sürekli olarak kendi kriterlerimizi karşılayıp karşılamadığımızı kendine sormalıdır. Bu kitap boyunca defalarca belirttiğim gibi, kendinizi tanımak başkalarını tanımanın anahtarıdır; potansiyel arkadaşlarınızı onların sorunları nedeniyle reddetmeden önce kendi zorluklarınızı çözmeyi göz ardı etmeyin!

İnsanlar mantığa veya akılcılığa pek önem vermeyen duygusal varlıklardır, bu da onları mantık ve muhakeme yetilerinden ziyade duygulara dayalı kararlar almaya yönlendirir. Bu, medya haberlerine de yansıyor; Genellikle izleyicilere yayınlandığında benzer tepkiler vermelerine neden olabilecek duygusal önyargılı olayları tasvir etmek veya raporlamak.

İnsanların ikna ediciliğe nasıl tepki verdiğini anlamanın önemli bir unsuru duygularda yatmaktadır. Duygular elimizdeki her görevi tamamlamamıza olanak tanıyan bol miktarda enerji sağlar; satış bile sunumlar sırasında oluşan duygusal uyaranlarla belirlenir; şeyleri ne kadar mantıklı sunabileceğiniz önemli değil; sonuçta potansiyel müşteri, bu görüşmeler sırasında tetiklenen yanıtları nedeniyle ürününüzü satın almak zorundadır.

Öte yandan mantık gerçeklere ve rakamlara dayanır; Eldeki herhangi bir sorunun ardındaki mantık ve mantık budur. Ürün ve hizmet satarken sadece mantığa güvenen satış elemanları ne yazık ki; Felsefeleri daha çok duygulara dayanıyorsa satışlar daha kolay ve başarılı olacaktır.

İnsanların rasyonel varlıklar olduğuna inanıyor musunuz? Kararlar ve görüşler hangi mantığın gerektirdiği şekilde oluşur? İnsan sürekli sunulan gerçeklere bağlı olarak farklı tepkiler mi verir? Bunların hepsi, sorgulayan bir kişi için duyguların ve mantığın nasıl etkileşime girdiğine ve diğer insanları olumlu yönde olumlu bir şekilde etkilediğine dair bir fikir edinmek için gerekli sorulardır.
Mantıksal bilgileri duygusal olarak iletme yeteneğiniz, dinleyicilerinizde, duygusal yankı olmadan gerçekleri ve mantığı basitçe aktarmaktan daha fazla tepkiye yol açacaktır; bu da kaçınılmaz olarak dinleyicilerden olumlu yanıtlar alamamanıza neden olacaktır. Mantık insanları ikna ederken, duygu da kişiyi harika sonuçlar veren kararlı eylemlere motive eder.

Duyguları ve mantığı bir arada kullanarak başkalarını etkilemenin birkaç yoluna bakalım:

Başkalarıyla Ortak Bir Kimlik Oluşturun

İnsanları kontrol etmenin bir yöntemi, onlarla yakınlık kurmak ve mümkün olduğunca ortak zemin bulmaktır. Popüler bir deyim şöyle der: "Birbirini karıştırmak için iki kişi gerekir." Birini etkilemek için her iki tarafın da benzer hedefleri, deneyimleri ve fikirleri paylaşması gerekir; bu şekilde her şey çok daha kolay hale gelir. Kültürlerin ek bir katman olması yerine, insanlar benzer kimlikleri paylaştığında ortaklıklar veya ilişkilerdeki ortak zeminler daha kolay olur. Karakter benzerlikleri yarattığımızda, ortak amaç ve hedeflerle birleşiriz, birbirimizden duygusal destek alırız, ortak inançların mantığı, ortak kolektif vizyon misyonu gerçeğe dönüşür.

Partnerinizin İnanç Sistemini Derinlemesine Keşfetmek

Kişilik özellikleri ve diğer gerekli psikolojik eğilimler açısından tam olarak anlamadığı bir insanla derin ve karşılıklı olarak tatmin edici bir ilişki kurulamaz. Ancak inanç sistemlerini derinlemesine inceleyerek onları daha iyi anlayabilir ve yavaş yavaş kendi yararınıza etkileyebilirsiniz.

Önyargılarını Kabul Etmenin Yollarını Aramak

Mantığınızın kalitesi ne olursa olsun, farklı inançlara sahip birini etkilemek genellikle zordur. Bunun yerine önyargı kartını etkili bir şekilde oynayarak önyargılarına hitap edecek etkili stratejiler arayın. Bunu nasıl yapabilirsin? Bu konularda onunla doğrudan iletişime geçerek.
Birinin ilgisini çekmek, onun tercih ettiği fikirleri ve noktaları bulmayı ve ardından bunları sunmayı gerektirir. Bu yaklaşımla, hedefiniz yanınızdayken kendini rahat hissedecek ve büyük olasılıkla özel hayatına erişim izni verecektir.

Tartışmalarınızda Savaş veya Kaçmaktan Kaçınmak

İnsanları mantık ve duygu kullanarak etkilemek, toplantılar ve tartışmalar, ilişkilerde kaçmaya veya kavgaya yol açan çatışmalar ve yanlış anlamalar gibi savaş ya da kaç davranışı örnekleri olmadan yürütüldüğünde en iyi sonucu verir. Böyle anlarda rasyonellik yanlış yorumlanır, hedeflere ulaşılamaz hale gelir ve savaş ya da kaç atmosferinde tartışmalar ilerleyemez.

Uzman bir manipülatörün hedefi, hedefiyle sağlıksız, uzun vadeli bir ilişki kurmak ve onlar üzerinde tam kontrol sağlamaktır; bu, yalnızca kendisine fayda sağlayacaktır. Etkili bir ortaklık, katılımcıları arasında eşit destek gerektirir. Partnerlerden biri her zaman daha fazlasını teklif ediyor gibi görünüyorsa, bu, eşinizin ilişkinizdeki niyeti konusunda dürüst olmayabileceğinin bir işareti olabilir. Psikolojik manipülasyon, bir tarafın başka bir kişiden faydalanmak amacıyla güç dengesizliği yaratmaya çalışmasıyla ortaya çıkar. Manipülasyon çeşitli şekillerde ortaya çıkabilir, ancak hepsi arasındaki ortak nokta, bir kişinin (manipülatörün) fayda sağlayacağı, diğer bir kişinin ise (genellikle kurban olarak bilinen) zarar görmeyeceğidir. Bazı kişiler zehirli ilişkilere girdiklerinin farkına varmadan ilişkilere dahil olurlar. İlk bakışta, manipülatörle uğraşırken kendilerini daha sonra stres ve komplikasyonların beklediğine dair hiçbir belirti olmasa da, ortaklıkları zararsız görünebilir. Bunun gibi zorlama yöntemleri, manipülatörlerin kişisel olarak bilmeden hedeflerine ulaşmalarını ve onları kontrol altına almalarını sağlar. Doğal olarak ilişkiler dramayla ya da bir manipülatörün özerklik taktiklerini tüketmesiyle başlamaz; hedeflerine doğru yola çıktıklarında tamamen başka bir yöne gittiklerini göreceklerdi; zamanla bu tür bir yaklaşım daha fazla zaman geçtikçe etkili hale gelebilir.

İlk dikkat çekme davranışları muhtemelen onlara herhangi bir sorun yaratmayacaktır; ancak hedefleri son derece kişisel ve her ikisi için de önemli hale geldiğinde, bu durum ilerlemenin önünde bazı engeller oluşturabilir.
Bu noktada manipülatör stratejileri değiştirmeye başlar. Bu değişiklik bir gecede gerçekleşmeyecek ancak hedeflerine zamanında ulaşabilmek için birkaç hafta sürebilir. Bu aşamada, evliliği sürdürme ve güçlendirmeye o kadar odaklanmış olabilirler ki, herhangi bir sorun ya da istismar eskisinden daha kolay gözden kaçırılabilir.

Açıkçası, ilişkinizde birinin manipülatör olduğuna işaret eden bazı göstergeler var. Evliliğinizdeki herhangi birinin zehirli olabileceğinden, sorun çıkarabileceğinden veya dış güçler tarafından etki sahibi veya manipülatör olarak kullanılabildiğinden şüpheleniyorsanız bu sinyalleri kontrol etmeniz akıllıca olacaktır:

Manipülatörler, sosyal baskı, fiziksel güç ve psikolojik manipülasyon gibi çeşitli yollarla sizi konfor alanınızın dışına çıkmaya teşvik edecek ve bunların hepsi çıkarları takip etmeleri gereken şeyden uzaklaştırmak için silah olarak kullanılacaktır. Kontrolü elinde bulunduran taraf haline gelirler ve kendi çıkarlarının birbirinin dışına çıkmasını sağlarlar. Bu yolculuk boyunca üzerinizde güç sahibi olan onlar olur.

Kendinize olan güveniniz azalmaya başladığında, sizden faydalanmaya çalışan herkes için manipülasyon daha kolay hale gelir. Manipülatörler bizi pek de iyi hissetmememize neden olarak ve zayıf yönlerimizi kişisel kazanç için kullanarak bundan hızla faydalandıkça, güvenimiz hızla bizden geri alınır.

Gizli Tedavi. Bu teknikte kişi, manipülatöründen en küçük bir ayrıntıyı alır ve onu büyüterek kendisi için hoş olmayan bir durum yaratır ve hedefini tehdit eder. Gerektiğinde sona erdirene kadar e-posta uyarıları, sesli posta bildirimleri, kısa mesajlar ve e-postalar sağlayarak sessiz muameleden yararlanırız. Sessizlik tedavisinin ne zaman biteceğini bilerek her şeyi kontrol altında tutmayı başarmak, yalnızca kendileri ve ilgili herkes için daha fazla soruna yol açabilir.

Pişmanlık Yolculuğu. Hiç kimse kendini sorumlu hissetmekten hoşlanmaz, bu nedenle suçluluk hissettiğimizde bunu mümkün olan en kısa sürede hafifletmek için elimizden gelenin en iyisini yaparız. Bir manipülatör bunu çok iyi bilir ve eylemlerini açıklamak için bulabilecekleri her bahaneyi kullanır.
Sağlıksız evlilikler genellikle çeşitli nedenlerle çözülmeden kalan, partnerler arasında hiçbir temasın olmadığı ve manipülatörün çatışmaları kasıtlı olarak çözme niyetinin olmadığı çözülmemiş çatışmalara saplanır. Durumunuz buysa, bu sorunu çözmek için birlikte işbirliği içinde çalışmak yerine kendinizi diyaloğun başladığını veya bittiğini düşünerek kandırmanız muhtemelen daha kolay ve daha iyi olurdu.

Artık evliliğe bu yaklaşımın ideal olmadığını anlayabiliriz. Hiç kimse, hayatlarımızın bağımsız olarak yönetilmesi yerine, her zaman hayatlarımızın kontrolünün başka bir kişide olduğu ve bizim adımıza kararlar aldığı bir ilişkide kendini kapana kısılmış hissetmek istemez. Dolayısıyla kendimizden tam anlamıyla faydalanmadan, kendimizden faydalanmadan bu stratejiyi destekleyecek birini bulmalıyız. Ancak çok hızlı ilerlemeden önce, eşimizin gerçekten manipülatif olup olmadığını belirlemek için bazı önemli soruları yanıtlamalıyız. Bu kılavuzu inceledikten sonra arkadaşlığınızın zorlayıcı olup olmadığı konusunda daha iyi bir fikre sahip olmalısınız. Kendinizi korumak için alabileceğiniz bazı önlemler, bu ortaklıklardan birinin gerçekleşmesi durumunda haklarınızı kabul etmektir. Arkadaşlıklar zamanla gelişebileceğinden, ihtiyaçlarınız bir manipülatör tarafından göz ardı edildiğinde kendinizi nasıl savunacağınızı hatırlamak zorlaşabilir. Temel haklarınıza her zaman saygı gösterilmesi gerektiğini asla unutmamalısınız. Başkalarına saygı duymak, fikir ve isteklerini özgürce ifade etmek, başkasının etkisi altında kalmadan kişisel hedefler koymak, başkalarına hayır demek gibi çeşitli özgürlükler elinizin altındadır. Ayrıca birinden farklı görüşlere sahip olmak psikolojik, zihinsel ve duygusal güvenliği sağlayabilir ve istenirse başka bir bireyden bağımsız, tatmin edici bir yaşam sürmeye olanak sağlayabilir.

Bu ayrıcalıklar uzun vadede manipülatörler tarafından elinizden alınabilir. Etkin karar almayı sağlayan kontrollerin sürdürülmesi ve belirtilenlere göre hareket edilmesi, bu faydalar kontrollerin sürdürülmesine yardımcı olur. Ancak tekrar herhangi bir duruma girmeden önce ileriyi düşünmeyi unutmayın. Biriyle karşılaştığınızda dikkatli olun. Kendi istekleri dışında hareket etmenizi isteyen bir otoriteye karşı konuşurken kendi tavsiyenizi ciddiye alın.

Özgürlüklerinize sahip çıkın, manipülatif bir arkadaşınızla konuşurken derin bir nefes alın ve deneyin. Yalnızca siz hayatınızın efendisisiniz; o yüzden uzak dur. Manipülatör arkadaşlarla uğraşırken uzak durmak çok önemlidir; uzak durmak için ne gerekiyorsa yapın! Onları kol mesafesinde tutmak çoğu zaman en iyi uygulamadır. Eğer çok geçse en azından ikinizin arasında biraz mesafe yaratmaya çalışın. Onlara sizin hakkınızda bilgi edinmeleri, zayıf noktalarınızı değerlendirmeleri ve dürüst olmayan biriyle gelecekte karşılaşacakları herhangi bir karşılaşmadan yararlanmak için planlar yapmaları için bir fırsat daha vermek, onlara yalnızca sizden yararlanmaları ve gelecek planlarınızdan yararlanmaları için daha fazla şans vermek demektir. Dürüst olmayan kişilerden uzak durmak ilk ve tek etkili savunmadır. Değişim için bir teşvik hissettiğinizde, tam tersi yolu izleyin. Manipülatörlerin, yeniden bir araya gelmenize ve sizi tekrar kendi çıkarları için kullanmalarına yardımcı olmak amacıyla kendinizi kötü hissetmenizi sağlamaya çalıştıklarını unutmayın. Bu insanlardan uzak durmak sizin yararınıza olacaktır; Kendinize üzülerek veya onların davasını destekleyerek onların tuzağına düşmeyin.

Manipülatörlerin davranışının bir başka yönü de güvenlik açıklarınızı istismar etmektir. Zayıf noktalarınızı öğrendikten sonra, bunları tamamen size karşı kullanabilirler; kendinizi yetersiz hissetmenize neden olabilir, çoğu zaman bunların neden olduğu kafa karışıklığı nedeniyle kendinizi cezalandırabilir, kendinizi suçlamanızı kolaylaştırabilir ve çoğu zaman cezalar arttıkça kendinizi sürekli cezalandırabilirsiniz. Bunun, hedefleri sürekli değiştirerek mümkün olduğu kadar uzun süre kontrolü ellerinde tutmalarına olanak tanıyacağını, böylece belirlediğiniz standartlara asla ulaşamayacağınızı biliyorlar; bu da onların amaçlanan hedeflerine ulaşmaya devam etmelerine olanak tanıyan affedilemez bir kafa karışıklığı yaratıyor.

Bu manipülasyonun devam etmesine izin vermeyin. Sizi kullanmaya çalışıyoruz ve olabilecek her türlü eksiklik için sizi suçluyoruz, böylece kendinizi kötü hissetmeye devam edersiniz ve daha iyi hissetmek için onlardan onay ararsınız. Manipülatörün tüm bu suçun yalnızca size ait olduğu yönündeki iddialarına dikkat edin; bunların hiçbiri gerçekten sizin sorumluluğunuz değildir; her şey sırf kendinizi daha kötü hissetmeniz için yapılıyor.

Şirketin ve ayrıcalıklarınızın verme olasılığını artırmak, nedenini bilmek ve hayır demeyi öğrenmek, bir manipülatörün üzerinizdeki kontrolünü azaltacaktır. Nedenini bilmek, evet ve nasıl hayır demeyi öğrenmek daha önce tartıştığımız temel haklardır, ancak çoğu kişi bunları her gün ifade etmekte başarısız oluyor. Zamanınızın geldiğini bilmek, katılan herkes için daha fazla kontrol anlamına gelir! Onların manipülasyon planının bir parçası olmaktan kaçınmak istiyorsanız, sıranın size geldiğini bilmek biraz öğrenmeyi gerektirir. Neden evet olduğunu bilmek evet demektir ancak gerekirse hayır demeyi öğrenin. Ortaklık manipülatörlerinin hedefi, sizin hakkınızda kullandıkları bilgi ve stratejilere rağmen her zaman evet demek, eğer bu onları rahat ettiriyorsa, bazı şeylerin ifade edilmesine gerek olmadığında evet demeyi rahat hale getirir - bu temel hak, konuşurken birçok cephede ihmal edilebileceğinden, bu temel hakkın anlaşılması genişletilmelidir. up'a yeterince önem verilmiyor veya manipülasyon teknikleri yoluyla her gün uygulanmıyor ya da gerektiğinde günlük olarak tam olarak iletilmekte başarısız olunuyor.

Birinin duygularını incitmekten korkuyorsak ve ona yardım etmeyi reddedersek tutumunun değişebileceğinden endişeleniyorsak, evet demek çoğu zaman bizi ağlatabilir; başka birine evet demek büyük cesaret gerektirir! Ne yazık ki, bu neredeyse düzenli olarak oluyor. Bir manipülatörle uğraştığınızı hayal edin. Onlara karşı kendinizi nasıl savunacağınızı bilmek ilk başta zorlayıcı olabilir, ancak manipülasyonlarına karşı etkili bir şekilde nasıl konuşacağınızı bilmek size durumunuz üzerinde yeniden güç verecektir. Bu karardan herkes hoşlanmayacaktır ve bağımsızlığınızı korumak için mücadele etmelisiniz. Hiç pişmanlık duymadan 'hayır' demek, genel olarak daha özgür ve sağlıklı bir yaşam tarzına olanak tanıyacak; Zehirli ilişkiler içinde olmak asla olumlu bir şey olarak görülmemelidir. Manipülatörlerle ortaklık kurmak, onların ihtiyaçlarını karşılamaya dayalı bir ilişkiye girmeyi içerir ve her iki taraf için de zaman içinde potansiyel kayıplar doğurur. Ne yazık ki, bu şekilde düşünme konusunda eğitilmek, çok geç olana kadar bu tür ilişkilere girdiklerinin farkına varmamalarına neden oluyor. Herhangi bir evlilik krizini çözmenin ilk adımı, ilişkinizi rahatsız edebilecek aldatma, baskı veya diğer zorlukların işaretlerini nasıl tespit edeceğinizi öğrenmek olmalıdır. Evliliği sürdürmek zaman ve cesaret gerektirir, özellikle de temel amacı uzun süredir zor zamanlarda güven ve özsaygı oluşturmak olduğundan. Ancak her şey başarılı bir şekilde bir araya geldiğinde ve hedef nihayet hayalini gerçekleştirdiğinde, ödüller önemli olabilir.
Nerede durduğunuzu öğrenin ve onu güçlendirin; o zaman hayatın, onlar adına bunu yapmak için dış bir kaynak kullanmak zorunda kalmadan değiştiğini görebilirsiniz.
İkna İnsanlar "ikna"nın ne anlama geldiğini anlamaya çalıştıklarında verdikleri yanıtlar genellikle büyük ölçüde farklılık gösterir. Bazıları düşüncelerini tüketicileri belirli ürün veya hizmetleri başkalarına tercih etmeye teşvik eden reklamlara veya reklamlara çevirebilirken, diğerleri sandıkta fazladan oy kazanmak için seçmenlerin fikrini değiştirmeye çalışan politikacılara yönelebilir - her iki örnek de amaca hizmet eder ikna etme. Bu mesajlar insanların tartışılan konulara ilişkin algılarını değiştirmeye çalıştığı için her iki form da geçerli örneklerdir.

Karanlık ikna, motivasyonlarının ikna edilenlere her zaman fayda sağlamaması açısından normal iknadan farklıdır; Normal ikna ediciler, ikna edilenlerin iyiliği için ikna etmeye çalışırken, karanlık ikna ediciler genellikle ikna edilenler için her zaman faydalı olmayan kazançlı motivasyonlar ararlar. Karanlık bir iknacı, uygunsa taktikler veya ikna taktikleri ile ilerlemeden önce, o kişiden herhangi bir ikna edici veya ikna edici davranışta bulunmadan önce, kendisini en etkili şekilde neyin motive ettiğini belirlemek için etkilemek istediği kişi hakkında tam bilgi ve anlayışa sahip olmalıdır.

İknanın her zaman ahlaki sonuçları olsa da, karanlık iknacılar bunlar hakkında çok fazla endişelenmeme eğilimindedir. Bunların farkında olmalarına rağmen, odak noktaları doğrudan hedef(ler)ine ulaşmaya devam eder.

İkna günlük psikolojik bir olgudur. Motivasyonun anahtar olduğu bir başkasını ikna eden ya da ikna edilen kişi olabilirsiniz. İkna, kitle iletişim araçlarında, siyasette, reklamlarda ve hukuki kararlarda büyük rol oynar; etkinliği, ikna için kullanılan ve konusunu etkileyen çeşitli yöntemlerle belirlenir.
İkna, beyin yıkama ve hipnozdan farklı ve temel bir zihin kontrolü biçimi olarak öne çıkıyor; her ikisi de deneklerin zihinlerini ve kimliklerini değiştirmek için izolasyonu gerektiriyor; İkna, metodolojisinin bir parçası olarak izolasyonu gerektirmez.

Arzu ettiğimiz hedeflere ulaşmak için bireysel deneklere karşı manipülasyona başvurulur; ikna aynı zamanda bir kişi üzerinde de kullanılabilir; ancak büyük ölçekli manipülasyon potansiyel olarak tüm toplumların ve hatta toplulukların inançlarını ve kararlarını değiştirebilir.

İkna, zihinleri değiştirmede doğrudan manipülasyondan daha etkili olabilir çünkü aynı anda birden fazla kişiyi etkileme yeteneğine sahiptir.

Pek çok kişi, ikna edilmeye karşı bağışıklığa sahip olduklarına inanma hatasına düşüyor çünkü önlerine çıkan her satış konuşmasını her zaman görebileceklerine ve uygun bir sonuca ulaşmak için mantık kullanabileceklerine inanıyorlar.

İnsanlar sunulan her argümana her zaman boyun eğmeyecektir, özellikle de mantık kullanılıyorsa. Ayrıca, eğer bir argüman, savunucusu ne kadar güçlü görünse de birinin inançlarıyla iyi bir şekilde örtüşmüyorsa, ikna işe yaramayabilir.

Ancak başkalarını pazardaki yeni gadget'ları veya ürünleri satın almaya ikna etmek için ikna edici mesajların nasıl kullanılacağını anlayan insanlar var. İnce ikna çabaları çoğu zaman hedefi tarafından fark edilmeyecektir ve bu da kendilerine sağlanan bilgiler hakkında fikir sahibi olmalarını zorlaştıracaktır.

Ne zaman iknadan bahsedilse, kişi onu, bakış açınızı değiştirmenin kendilerine fayda sağlayacağına sizi ikna etmeye çalışan dolandırıcı veya satıcı gibi olumsuz çağrışımlarla ilişkilendirme eğiliminde olur ve bu değişiklik gerçekleşene kadar baskı yapar.

İkna hem iyilik hem de kötülük için kullanılabilir; satışta ikna ve kandırma uygulamaları iki örnektir; ikna her iki şekilde de kullanılır; örneğin uluslararası kuruluşlar arasında veya diplomasi anlaşmalarının bir parçası olarak iknayı kullanan kamu hizmeti kampanyalarında ve sırasıyla etkili ve olumlu etki için kullanılan karanlık ikna örnekleri olan iyi amaçlara yönelik kampanyalar. Her şey bu ikna sürecinin nasıl devreye sokulduğuna bağlı.

Birinin fikrini ikna yoluyla değiştirmeye çalışırken, başarılı olmak için ikna tekniklerinin başarılı bir şekilde uygulanmasına yönelik araçlara ve stratejilere ihtiyaç duyacaktır.

Geçen her gün, hedefine farklı ikna biçimleri sunacaktır. Yiyecek üreticilerinin hedefi, hedeflerini yeni tariflerini denemeye veya eski tariflere devam etmeye ikna etmek olacaktır; stüdyolar en son gişe rekorları kıran filmlerinin reklamını doğrudan onlara yapabilir.

Hangi ürünü satarlarsa satsınlar asıl amaçları satışları artırmaktır; dolayısıyla ikna çabaları. Bunun sizi doğrudan nasıl etkileyeceğini düşünmeseler de, potansiyel müşterileri uyarmamak veya üzmemek için ince ikna teknikleri kullanmaları gerekir. Sizi ikna etmeye çalışan birden fazla marka da olabileceğinden, her birinin izleyicilerini kendi bakış açısına ikna etmenin kendi yolunu bulması gerekir.

İknanın geniş kapsamlı etkisi nedeniyle, teknikleri eski çağlardan beri uzun süredir araştırılmaktadır. Etki, birçok farklı koşul ve kültürden herkesin yararlanabileceği paha biçilmez bir varlıktır.

20. yüzyılın başlarından itibaren ikna tekniklerine ilişkin resmi çalışmalar zemin kazanmaya başladı. İkna etmenin, izleyiciyi ikna edecek bir argümanı öne sürmeyi ve onların bu mesajı hayatlarını yaşamanın yeni yolu olarak kabul etmelerini sağlamayı içerdiğini unutmayın.
Bu nedenle etkili ikna tekniklerini keşfetmeye büyük bir ihtiyaç vardır.

Zaman içinde değerini kanıtlamış üç karanlık ikna tekniği vardır ve bunları bu bölümde tartışacağız.
İhtiyaç Yarat
Birini bakış açısını veya yaşam tarzını değiştirmeye ikna etmenin etkili bir stratejisi, o kişi için zaten var olan bir ihtiyacı yaratmak veya bundan faydalanmaktır; bunu tercihen çekici ve çekici olacak şekilde yapmaktır. Etkili ve uygun bir şekilde uygulandığında bu taktik, amaçlanan hedefte büyük başarı sağlayabilir.

İkna ediciler, iknada başarılı olmak için hedef kitleleri için en önemli olan şeyleri ele almalıdırlar (örneğin, hayalleri gerçekleştirmek veya öz saygıyı artırmak veya barınak, sevgi veya yiyecek sağlamak gibi).

Bu yaklaşım her zaman işe yarar çünkü herhangi bir konunun şu ya da bu şekilde bir tür yardıma ihtiyacı olduğunu varsayar - başka bir deyişle, hayatta bir şeyi hayal etmeyen ve onu arzulamayan ihtiyaç sahibi hiç kimse yoktur - ikna edenin sadece bulması gerekir. mağdurun bu hayallere daha hızlı ve verimli bir şekilde ulaşmasına yardımcı olabilecek yollar.

İkna edenler genellikle hedeflerini inançlarında veya bakış açılarında belirli ayarlamalar yapmanın hayallerini daha hızlı gerçekleştirmelerine yardımcı olacağına ve başarı olasılığını artıracağına ikna ederler.

Örnek: Yakın ilişkiler arayan genç bir adam, bir kadına notlarını yükseltmesine yardım edeceğine ve sonunda A alarak ebeveynlerini gururlandıracağına söz verebilir, ancak bu ancak kadının arkadaşı olması şartıyla mümkündür. Bu bayan, bu genç adamın akademik olarak ne kadar iyi performans gösterdiğine gerçekten önem verdiğine inansa da, gerçekte sadece ona yakınlaşmayı ve onunla cinsel olarak etkileşime geçmeyi önemsiyor olabilir - akademisyenler sadece daha fazla cinsel ilişki için bir bahane!
Sosyal İhtiyaçlara Hitap
İkna edenler ikna için başka bir taktik kullanabilirler: Hedeflerinin sosyal ihtiyaçlarını belirlemek. Bu teknik hemen sonuç getiremese de, hala alet kutularında paha biçilmez bir varlık olmaya devam ediyor.

Kalabalığa ilgi duyan ve ilgi arayan insanlar, doğal olarak onlara yönelme eğilimindedirler; gruplara katılarak veya kendilerine daha yüksek bir sınıfa ait oldukları hissini veren belirli öğeleri statü sembolü olarak alarak kabul edilmeye çalışırlar.

Pek çok TV reklamı, sosyal ihtiyaçlarına hitap ederek izleyicilerin "kaçırmaması" için satın alma kararlarına hitap etme konusunda başarıya ulaşıyor. Reklamcılar bir hedefin belirli sosyal ihtiyaçlarını tanımlayıp bunlara hitap edebildiğinde, bu, söz konusu kişi için yeni ilgi alanları açabilir.
Yüklü Sinyal Olarak Kullanılan Kelime ve Görseller

Birini ikna ederken kelimeler çok önemlidir ve her birinin farklı etkileri olabileceğinden dikkatli seçilmelidir. Aynı şeyi söylemenin birçok yolu olabilir ancak bir yaklaşımın diğerinden daha güçlü olduğu ortaya çıkabilir.

İkna, doğru kelimeleri doğru zamanda ne zaman ve nasıl söyleyeceğimizi bilmeyi gerektirir; Kelimeler her zaman iletişimin temel araçlarıdır ve uygun harekete geçirici mesajları bilmek başarılı ikna için çok önemlidir.

Karanlık ikna, karanlık psikolojinin en güçlü araçlarından biridir, ancak çoğu zaman hafife alınır ve ihmal edilir. Belki de bunun nedeni iknanın zihin kontrolüne yönelik bir girişim olarak benzersiz olmasıdır; onların katılımı olmadan isteksiz bir hedefe boyun eğmeye zorlayan alternatiflerinden farklı olarak; Ancak iknadan farklı olarak, hedef kararlar açık kalır ve bazen sürecin sonuçlarını etkilemek için izole edilerek sınırlı müdahale sağlanır.

İkna, tüm kartlar açıkta bırakıldığında (her ne kadar karanlık iknada gizli niyetler olsa da) en iyi şekilde çalışır, böylece hedef, kendi çıkarlarına en uygun kararı verebilir.

Beyin yıkama, başkalarının düşüncelerini ve inançlarını, onların rızası dışında veya rızası olmadan değiştirmek anlamına gelse de, gerçek tanımı daha geniştir; davranış kalıplarını değiştirmek ve davranışsal sonuçları değiştirmek amacıyla bireyin tutumlarını veya davranışlarını değiştirmek için kullanılan her türlü sistematik zorlama ve ikna girişimini içerir.

Beyin yıkama taktikleri, özellikle tarikat grupları içinde, insanların siyaset veya dini doktrinler hakkındaki inançlarını değiştirmelerini sağlamak için siyasi beyin yıkama programlarının bir parçası olarak uzun süredir kullanılmaktadır. Beyin yıkama, öncelikle kurbanın inançlarını, kendisini kaçıran kişinin tercih ettiği ve içinde bulunduğu ortama uygun inançlarla değiştirerek çalışır.

Beyin yıkama, bir bireyin tüm özgürlük, bağımsızlık ve karar verme yetkisinden yoksun bırakılmasını içerir; Kişinin günlük alışkanlıklarını ve davranışlarını kendisini esir alan kişinin otoritesine her bakımdan tam itaati gerektirecek şekilde bozmak. Beyin yıkama, aydınlanmış bir yaşam için kabul edilebilir bir araç olarak yeni inançları aşılamadan önce genellikle fiziksel istismarın yanı sıra gerekirse yaralanma veya ölüm tehdidini veya ömür boyu hapis cezasını da içerir.

Beyin yıkama teknikleri, mağdur ile kendisini esir alan kişi arasında çocuksu bir güven geliştirmeyi amaçlıyor; mağdurlar, diğerlerinin beyinlerini yıkamaya zaman bulamadan, geçmiş suçları itiraf etmeye veya suçlu görünme korkusuyla saçma ya da önemsiz hatalar yapmaya teşvik ediliyor. Eğer diğer kişilerin de beyinleri kendilerinden önce yıkanmışsa, bu kişiler, toplumun diğer üyelerinin önünde mağdurun yaptıklarını veya yapamadıklarını eleştirerek ve bundan hoşnutsuz olduklarını göstererek bu sürecin güçlendirilmesine yardımcı olabilirler.
Beyin yıkama bir kez devreye girdiğinde, onu kaçıranlar eylemleri için onay ve ödüller almaya başlar. BEYİN YIKAMA'NIN NASIL Karanlık Psikolojinin Bir Parçası Olduğunu Anlatmak İçin BU VİDEOYU İZLEYİN

Karanlık psikoloji, birisinin bir başkasını kendi iradesi dışında etkilemek ve onu kendi iradesi dışında manipüle etmek veya etkilemek için beyin yıkama taktikleri kullanması durumunda ortaya çıkar. Her birimiz özgür iradeye sahibiz, yani kendi kararlarımızı vermeli, özgürce ilişki kurmalı ve kiminle ilişki kuracağımızı özgürce seçmeliyiz; bu özgürlüğün cebir veya zorlama yoluyla elinden alınması karanlık psikolojiyi oluşturur.

İstismarcı ilişkiler içinde olan insanlar beyin yıkamaya karşı hassastır. Bir koca, zararlı etki yaratacağı bahanesiyle karısının belirli arkadaşlarıyla sosyalleşmesini yasaklayabilir;

ancak olgunlaştıkça bu konuda kendi kararını vermesi gerekir. Daha da kötüsü, partnerlerini, çekici olmadıklarını iddia ederek belirli türdeki kıyafetleri giymemeye zorlayın, böylece onları daha iyi kontrol edebilirler.

İstismarcı bir partnerle yaşamak hem kafa karıştırıcı hem de yorucudur, genellikle hayatı dahil olan herkes için daha karmaşık hale getirir. Asla sizin sorumluluğunuz olmayan şeyler için sizi suçlayacaklar ve manipüle edecekler; onların memnuniyetini sürdürmek için ailenizden ve arkadaşlarınızdan uzaklaşabilirsiniz, giyim tarzınızı veya siyasi görüşlerinizi değiştirebilirsiniz; her şey onların size karşı olmasıyla ilgili hale geliyor.

Bir partner, partnerini manipüle etmek ve kontrol etmek için beyin yıkama taktiklerini kullandığında istismarcı bir ilişki ortaya çıkar. Sonuç olarak akşam yemeğini seçmek gibi basit kararlarda onlara bağımlı hale gelirler. Hayatları, ne pahasına olursa olsun partnerlerini mutlu etmek etrafında dönüyor; ve sevginin ne olduğu veya nasıl ifade edilmesi gerektiği yalnızca onlar tarafından belirlenir - daha sonra onlar pahasına mutluluğun tam olarak neyin olması gerektiğine kim karar verir veya tam tersi. İstismarcı daha sonra, kendileri aracılığıyla ifade edilen sevginin yanı sıra mağdurun hayatındaki yanlış olan her şeyi tanımlamaktan sorumludur - neleri iyileştirmesi gerektiği, hatta buna göre nasıl davranması gerektiği ve istismarcı partnerinin tanımladığı şeye uygun olarak neyin uygun davranışlar oluşturduğu. sevginin ifade edilmesi ve o mağdurun hayatına dair her şeyin bir o kadar da tanımlanması ve kişinin nasıl davranması gerektiği ve bu ilişkinin tam olarak neye uygunluğunu hangi davranışların teşkil edeceğine göre o istismarcının davranış konusunda tam olarak ne istediğini tanımlaması gerekir.

İstismarın birçok biçimi vardır; çoğunlukla duygusal, psikolojik ve fiziksel istismar yoluyla. Kurbanlar bir kez onların eline geçtikten sonra çoğu zaman bundan kaçamazlar.
İstismarcı bir partner, beyin yıkamayı ve istismarı sürdürmek için çok geçmeden partnerini aşağılayıcı sözler ve hakaretlerle aşağılamanın yollarını bulur. Kendi psikolojik hayatta kalabilmeleri için, zaman zaman istismarcının durup kurbanına nezaket gösterdiği dönemler olacaktır; bu, mağdurun, istismarcısını mutlu etmek ve karşılığında sıcaklık ve nezaketle davranılmasını istemesine neden olan travma bağları yaratır.

Beyin yıkama, kurbanı kendi hayatında sıkışıp kaldığı için karanlık psikolojiye girer. Bir ilişkide kontrol sahibi bir partner, partnerinden araba, para veya yiyecek gibi kaynakları esirgeyebilir; bu da onu evinde bir tutsak haline getirebilir, onda korku uyandırabilir ve etraflarındaki dünyayı algılama biçimlerini değiştirebilir.

Beyinleri yıkanan mağdurların hayatları, kendilerine fiziksel şiddet uygulanmasa bile, istismarcıyı memnun etme düşünceleriyle tüketilir hale gelir. Fiziksel istismar olmasa bile, istismarcının varlığının gölgesinde yaşamları devam ediyor; bunun sonucunda anksiyete bozuklukları ve depresyon gibi psikolojik etkiler sıklıkla belirti olarak ortaya çıkar.

Kısaca Beyin Yıkama Süreci

Beyin yıkama, kişinin kimliğini soymayı, inançlarını, tutumlarını ve değerlerini değiştirmeyi ve aynı zamanda düşünce süreçlerini değiştirmeyi amaçlayan sistematik bir yaklaşımdır. Manipülatörler kurbanlarının beyinlerini yıkamak için çeşitli adımları veya aşamaları kullanırlar.

Suç
Bir ilişkide, manipülatörler sürekli olarak kurbanlarının suçlu gibi göründüğü, her anlaşmazlıkta kendilerini suçlu hissetmelerine ve her şeyden utanç duymalarına neden olan tartışmaları seçerler - bu, bir kişinin beynini yıkamanın ilk aşamasıdır.

Kendine İhanet
Ailesini ve arkadaşlarını ihbar etmeye zorlanmak kişinin benlik duygusunu yok ederken, suçluluk duygularını da artırıyor; bu duygular bir yandan geçmişinden kurtulmaya hizmet ederken bir yandan da yeni bir kimlik yaratmaya alan açıyor.

Kırılma noktası
Fiziksel, sözlü ve psikolojik saldırı mağdurları kendilerine ihanet ettiklerini ve kendilerini suçlu hissetmelerine neden olduklarını hissettiklerinde kırılma noktasına ulaşıp duygusal ve psikolojik açıdan çökebilirler. Kontrolsüzce ağlamak ve anksiyete atakları yaşamak, içlerinde bir şeylerin koptuğunun işareti olabilir; psikolojik olarak kendilerini tamamen kaybetmekten korkarlar ve sürekli olarak kendilerini tamamen kaybetme korkusu içinde yaşarlar.

Kurban tam da kendisi üzerinde güçsüz hissettiğinde, zalim, kim olduğuna yönelik saldırıya bir mola olarak nezaket sunar. Karanlığın olduğu yerde ışığın ortaya çıktığı bu tür anlarda, kurbanlar saldırganlara karşı derin bir minnettarlık hissederler; bu, istismarcıların onlara yeniden saldırmadan önce kasıtlı bir hareketidir.
Mağdurların, güvenliklerine kavuşmalarına yardımcı olduğu için istismarcıya minnettar oldukları bir dönemde, mağdurun tedavisinin daha sert tarafı genellikle daha büyük görünür. Bir şeyler borçlu olduklarını hissedebilirler ve genellikle hissedebilecekleri herhangi bir suçluluk duygusunu hafifletmek için algıladıkları hatalarını itiraf ederek, onun nezaketinin karşılığını vermek zorunda hissedebilirler.

Suçluluğu Yönlendirmek

Mağdurun yaşadığı herhangi bir suçluluk ve utanç duygusu, kimliğine yönelik saldırıların artmasıyla muhtemelen karmaşık hale gelecek ve onları hangi eylemlerin veya kararların kendilerini taahhüt ettiklerine inandırdığı ve bunun yerine sorumluluk taşımaları gerektiğine inandıkları konusunda kararsız bırakacaktır. İstismarcı, suçluluk duygusunun kendisinde var olduğunu algıladığı anda, bunu kendisi için kullanır; tipik olarak kurbanı, kötü kararlar ve ideolojilerle dolu bir hayat sürdüğüne inandırarak; bunun yerine değişmek için kendilerini yeni perspektiflere açmalarını öneriyorum.

Mantıksal Şerefsizlik Kurban sıklıkla suçunun dışarıdan empoze edilen ideolojilerden kaynaklandığına inanır; Herhangi bir manipülasyonun iş başında olduğunu görmek yerine öğretmenler ve ideolojiler suçlamanın hedefi haline geliyor. Birey bu "yanlış" ideolojiler altında yapılan her türlü eylemi zihinsel olarak attığında, itiraflar suçluluk duygusunu hafifletmenin bir yolu haline gelir - böylece kendilerini sembolik olarak onlardan uzaklaştırır ve bunu yaparak bu yanlış ideoloji algılarını tamamen gözden düşürür.

İlerleme ve Uyum
Eski ideolojileri reddetmek, ilerleme ve uyumun ortaya çıkması için bir fırsat yaratır, çünkü buna karşı çıkanların artık onun yerini alacak alternatif görüşler araması gerekir. Bunlar uyumlu ve ihtiyaçlarına uygun görünürse süreç önemli ölçüde hızlanır ve yerine huzur gelir. Bu noktada rahatsızlığın yerini sakinlik alıyor.
Ceza olarak, yakalananlara bir anda kahraman muamelesi yapılıyor ve iyi kalpli bireyler, eski ideolojilerindeki günahkar fikirlerin yerine geçecek ikameler olarak kabul ediliyor.

Son Kabul ve Yeniden Doğuş

Kurban, yeni ideolojilerinin sunduğu geçmiş acılarla gelecek vaatleri arasındaki keskin zıtlıkla karşılaştığında, kalan sırları ifşa ederek eski ideolojiye olan her türlü bağlılığını tamamen terk etti; o anda yeni ideolojilerinin tam sahipliğini üstlendiler.

Yeniden doğuş bu süreci ifade eder ve kişinin ideolojisine bağlı olarak kişiyi yeni düzenine tamamen mühürleyen geçiş törenlerini içerebilir. Bunlar, yeni ideolojilerin kabulü için güçlü ifadelerin yüksek sesle söylenmesini ve yeni liderlere bağlılık yemini edilmesini içerebilir.
Beyin Yıkama: Etkisini Araştırmak

Beyin yıkama, daha önce açıklandığı gibi, bir kişinin davranışlarını kontrol etmek ve onlar üzerinde kontrol sahibi olmak için düşünce kalıplarını, inançlarını ve tutumlarını değiştirmeyi içerir. Bu uygulama genellikle manipülatörlerin yararına yapılır ancak yıkıcı sonuçlar doğurabilir; Beyin yıkamanın aşağıdakiler gibi çeşitli etki biçimleri vardır:

Beyin yıkamanın mağdurun özgüveni üzerinde yıkıcı bir etkisi vardır. Yeterli olmadıklarını ve yaptıkları hiçbir şeyin yeterince iyi olmadığını düşünüyorlar, bu da onları intihara ya da depresyona sürüklüyor.

Anksiyete Bozuklukları: Beyni yıkanan biri sıklıkla kimlik duygusunu kaybeder ve kendisine en yakın olanlardan izole olur. Daha önce oldukları kişiyi değiştirmeye zorlanan mağdurlar, yanlış bir şey yapmama konusunda sürekli kaygıya kapılırlar ve dışsal davranışları etkileyen kaygı bozuklukları geliştirebilirler.

Depresyon - Beyinleri yıkanmış kurbanlar, sevdiklerinden ve daha geniş anlamda dünyadan izole olma eğilimindedir; odak noktaları yalnızca kendilerini esir alan kişiyi memnun etmeye ve karşılığında sundukları her türlü nezaketi almaya odaklanır. Konuşacak kimse olmadığında ve duyguları etraflarındaki herkes tarafından göz ardı edildiğinde depresyon ortaya çıkabilir ve başkalarıyla ilişkiler engellenebilir.

Benlik Saygısı Eksikliği - Onları esir alan kişinin sürekli suiistimali ve eleştirisi, kurbanlarının hiçbir değerleri olmadığına inanmalarına ve kendilerine değersiz oldukları öğretildiği için herhangi bir karar vermekten korkmalarına neden olmak için yeterlidir.

Korku İçinde Yaşamak - Beyin yıkayıcılar, kurbanlarını etkilemek için korku taktikleri kullanır; bu da onların köşede kötü bir şeyin beklediği ve genel olarak hayatın güvensiz ve düşmanca olduğu konusunda korkmalarına neden olur. Kurbanları, dışarı çıkmaya cesaret eden herkesin tehlike oluşturabileceği yönündeki sürekli endişeyle yaşarken, onu kaçıranlar, kendilerini kaçıranların istediklerini yapmaması halinde kurbanlarına yönelik sonuçlarla tehdit ediyor.
İnançların Değişimi: Yakalayan kişinin öncelikli hedefi, kurbanlarının inançlarını şekillendirerek davranışlarını kontrol altına almak ve onları kontrol altında tutmaktır. İnançlarının etik olup olmadığı önemli değil; ideolojileri veya inançlarıyla çatıştığı sürece yeterince iyi değildi.

Beyin yıkamanın, kendisini kaçıran veya saldırganın niyetine bağlı olarak, uygulamaya bağlı olarak mağdurlar üzerinde farklı etkileri vardır. Bu nedenle, Karanlık Psikoloji uygulayıcıları tarafından kullanılan beyin yıkama tekniklerinin tuzağına düşmekten kaçınmak için potansiyel suçlular tarafından kullanılan teknik ve püf noktalarını belirlemek hayati önem taşımaktadır. Aşağıda Karanlık Psikoloji seanslarına katılırken yaygın olarak görülen bu tür birkaç teknik bulunmaktadır.

Beyin yıkama, bireylerin veya grupların, genellikle karanlık psikoloji gibi psikolojik teknikleri kullanarak, başkalarını kendi iradeleri dışında etkilemek ve inançlarını değiştirmeye ikna etmek için el altından taktikler kullanmaları durumunda ortaya çıkar.

Kendi iradesi dışında kullanılan etkileme ve ikna teknikleri aynı zamanda beyin yıkama taktikleri olarak da bilinir; çünkü bu, bir kişi veya grup tarafından bir başkasının beynini yıkamak amacıyla kullanılan el altından taktikleri içerir. İnsanlar her gün ikna edilmeye maruz kalsa da, bu, rıza olmadan zorunlu değişime dönüştüğünde, beyin yıkamaya dönüşür ve onlara karşı karanlık psikoloji taktikleri uygulanmaya başlar; bu, farklı tarafların kurbanlarına karşı uyguladığı çeşitli taktikleri içerebilir:

Tecrit: Beyin yıkamanın ilk adımı genellikle kurbanı ailesinden ve arkadaşlarından izole etmeyi gerektirir. Manipülatör, onları toplumdan tamamen izole ederek, kurbanlarının manipülasyon taktikleri hakkında konuşabilecekleri kimsenin olmamasını ister; aksi takdirde otoritelerine üçüncü şahıslar tarafından meydan okunacak ve rakiplerine çeşitli kaynaklardan kendilerinden daha fazla bilgi verilecektir.

Benlik Saygısı Saldırısı - Kurbanlar izole edildiğinde, manipülatörler onları kendi arzularına göre parçalamayı ve yeniden inşa etmeyi daha kolay bulurlar. Bununla birlikte, başarılı bir beyin yıkamanın gerçekleşmesi için, kurbanların öncelikle manipülatöre karşı kendilerini aşağılık hissetmeleri gerekir ve bu genellikle ikincisinin alay etmesini, korkutmasını veya alay etmesini içerir; bu da, kendileri kurban olmadan önce kendilerini tamamen savunmasız hisseden kurbanların özgüvenini daha da azaltır.

Zihinsel İstismar - Manipülatörler kurbanlarının beyinlerini yıkamak için sıklıkla psikolojik işkenceye başvururlar; örneğin başkalarının önünde onları aptal durumuna düşürmek için onlar hakkında yalan söylemek, kurbanlarını üzmek veya kendilerini tuzağa düşürecek şekilde kişisel alanlarından mahrum bırakmak gibi. .

Fiziksel istismar: Manipülatörler, kurbanlarına boyun eğdirmek ve onları etkilemek için onları yiyecekten veya su kaynaklarına erişimden mahrum bırakmak da dahil olmak üzere çeşitli fiziksel yöntemler kullanır.
Manipülatörler sıklıkla kurbanlarının uykusunu, onlara şiddet uygulayarak, yiyecekten mahrum bırakarak ve odayı soğuk tutarak çalıyorlar. Bir manipülatör aynı zamanda kurbanlarının beyinlerini yıkamak için incelikli yöntemler de kullanabilir; gürültü seviyelerini yüksek tutmak, ışıkları sürekli titretmek veya oda sıcaklıklarını kasıtlı olarak değiştirmek gibi.

Tekrarlayan Müzik - Araştırmalara göre tekrarlayan ritimler çalmak insanlarda hipnotik bir duruma neden olabiliyor. Bu tekniği anlayan bir manipülatör bu taktiği kurbanına karşı kullanabilir. Müziğin ritmi, manipülatörleri bu taktiği kullanana ve doğrudan bilinçaltınıza konuşana kadar bilincinizi değiştirebilir; böylece beyninizin yeni önerilerle anında yanıt vermesine ve böylece davranışın otomatik olarak değişmesine yol açar.

Temasa yalnızca beyni yıkanmış diğer kişilerle izin verilir - Manipülatör, kurbanının yalnızca kendi manipülatif kampanyasının diğer kurbanlarıyla iletişim kurmasına izin verir ve diğer kurbanların, hedefini kendi yeni düşünme biçimini sunmaya ikna etmesi için akran baskısını umarak. Kendini yalnız ve yalıtılmış hisseden mağdurlar, kabul edildiklerini hissetmek ve daha az yalnız hissetmek için başkaları tarafından yapılan önerilere kulak verme eğilimindedir.

Biz ve Onlar - Manipülatörler bir Biz ve Onlar dinamiğini devreye soktuklarında, sanki kurbanlarına kendileri ve algıladıkları düşmanlar arasında bir seçim hakkı veriyorlarmış gibi görünüyor; hepsi onların tam itaatini kazanma çabası içinde. Başkalarının olumsuz yönlerini gösteren manipülatörler, kurbanlarının başkalarını kendilerine tercih etmek yerine kendilerini seçmelerini beklerler.

Aşk Bombalaması - Bu taktikle manipülatör, dokunarak, samimi düşünceler alışverişinde bulunarak, duygusal bağ kurarak ve nezaket göstererek fiziksel şefkat göstererek kurbanını yakına çeker - bu taktik kurbana, gruplarına katılmanın doğru karar olduğunu onayladığını göstermek için kullanılır; dışarıdaki herhangi birine karşı hissedebilecekleri herhangi bir sevgi.

Beyin yıkama nadiren daha büyük iyiliğe hizmet eder. Çoğu manipülatör, kurbanları üzerinde tam ve tam kontrol sağlamak için bu tür taktikleri kullanır.
Beyin yıkama kurbanları için yıkıcı olabilir. Kendilerine dair hislerini hızla kaybederler ve onları esir alan kişiyi memnun etmek için yaşarlar; neyi, ne zaman giyeceğimizi seçmek gibi doğal karşıladığımız basit şeyler onlardan alınıyor; aksi takdirde verebilecekleri tüm kararlar ellerinden alınır; tüm bunlar, manipülatörün kendisini değersiz hissetmesi ve onların iyiliğini kazandığı için minnettar olması için.

Beyin yıkamayı önlemenin ilk adımı, manipülatörlerin kullandığı taktiklerin ve özelliklerinin farkına varmaktır, böylece birisi sizin veya bir yakınınızın beynini yıkamaya çalıştığında bunu fark edebilirsiniz. Beyin yıkama, bir manipülatörün kurbanlarının duygularını veya refahını göz ardı ederek bu taktikleri kişisel kazanç için kullandığı agresif bir karanlık psikoloji biçimidir.

BÖLÜM 10: DİĞER İNSANLARIN TUTUMLARINI TAHMİN ETMENIZI SAĞLAYACAK YÖNTEMLER

Artık başkalarının kendinize nasıl zarar verdiğini anladığınıza göre, bu bilgiden yararlanmanın ve onu iyilik için kullanmanın zamanı geldi. Geçmişte beyniniz ve yetenekleriniz hakkında ne düşünürseniz düşünün, artık size doğuştan verilen inanılmaz bir güce, kolaylıkla kullanabileceğiniz veya kullanmayabileceğiniz yeteneklere sahip olduğunuzun farkına varıyorsunuz. Bazıları gerçekte kim olduklarını ve hayattaki hedeflerini kavramakta zorluk çekebilir ve bu tamamen normaldir; çok fazla çabalamak düşüncemizi sınırlayabilir ve yeni içgörülerin ortaya çıkmasını engelleyebilir. Geçmişte başkaları size ne hissettirmiş olursa olsun, onların eylemleri bugün kim olduğunuzu tanımlamaz. Kime ve nereden geldiğinize sadık kalarak tarihinizden dersler alın. Hissettiğin her türlü acıyı bırak, böylece iyileşmeye ve daha olumlu bir yönde ilerlemeye başlayabilirsin.

Onlar hakkında varsayımlarda bulunmadan, insanları iyi tanımak için yeterince zaman ayırdığınızdan emin olun. İnsanların gerçekte kim olduğunu ne kadar çok anlarsanız, onlar üzerinde olumlu bir etkiye sahip olmanız o kadar kolay olacaktır. Kaybolduğunuzu ve kafanızın karıştığını hissettiğinizde bile içeriye veya dışarıya doğru araştırma yapmak daha anlamlı gerçekleri ortaya çıkarabilir; varsayımlarda bulunmak veya insanları çok hızlı etiketlemek yalnızca büyüme ve dünyayı daha iyi anlama kapasitenizi sınırlayacaktır.

İletişim önemli olacak. Her ne kadar korkutucu ve zorlayıcı olsa da, gerçeği dile getirmek, sorunlara daha etkili çözümler bulma konusunda eninde sonunda faydalı olacaktır.
Günün sonunda, gerçeğinizi açıkça söylemek ve paylaşmak kendinizi çok daha iyi hissetmenizi sağlayacaktır; hem kendiniz hem de başkaları, aklınızdan ve kalbinizden geçenleri duymaktan faydalanacaktır. İletişim kurmanın dışında başka yollarla ikna etmeye çalışmayın. Bir şeye ihtiyacı olabilecek hiç kimseden hiçbir şeyi esirgemeyin; Başkalarını bu şekilde manipüle etmek, olayları diyalog yoluyla konuşmak ve başka bir kişiyle baştan sona konuşmakla karşılaştırıldığında kalıcı değişime ulaşmaya yaklaşamaz.

Şimdi yaşadığınız tüm acıları iyi bir şekilde değerlendirmenin zamanı geldi. Her şey bugün bulunduğunuz noktaya geldi, sonsuz gibi görünen en karanlık anlar geçti ve kaçmaktan başka hiçbir şey istemediğiniz tüm o zamanlar sizi bugün olduğunuz yere getirdi. Bu deneyimleri bir daha asla tekrarlamak istemeseniz de, onlar olmadan onlar için şükran duymayı öğrenin, geleceğiniz muhtemelen çok farklı görünecek ve başkaları için daha az faydalı görünecektir.

Şimdi muhtemelen en çok arzu ettiğiniz şeyi yapmanın zamanı geldi: başkalarını etkilemek! Günümüz toplumunda ikna çok önemlidir ve bazı kişileri ikna etmede başarısız olmak, sizi bu yaşamda gerçekten arzuladığınız şeyleri gerçekleştirmekten alıkoyabilir. Bu nedenle, kimi ikna etmek istediğinizi bilmek büyük önem taşıyor; bu ister kocanızı çocuk sahibi olmaya hazır olduğunuza ikna etmek, ister 100 üyeli satış ekibinin tamamını satışları artırmak için daha fazla zorlamanın önemi konusunda ikna etmek olsun; Onları anlamak, onlara doğrudan yaklaşıp kişisel olarak denemeden önce, kim olduklarını ve çalışma tarzlarını tanımakla başlar!

Bu aşamada, öncelikle geçmişlerini anlamak önemlidir: yaş, cinsiyet kimliği ve konum, ilgi alanlarınıza uygun ikna stratejileri oluştururken dikkat etmeniz gereken birkaç sorudan sadece birkaçıdır. Bu tür sorulara doğru yanıtlar verildiğinde ikna stratejileri oluşturmak çok daha kolay hale geliyor.

Bu durumda bazı farklılıklar önemli bir rol oynayacaktır. Örneğin, 18 yaşındaki erkek arkadaşınıza 20 dolar karşılığında yaklaşmak, aynı şeyi 80 yaşındaki büyükannenize sormaktan oldukça farklıdır. İnsanları etkili bir şekilde ikna etmek için, onları genel olarak neyin karakterize ettiğini ve kişilik özelliklerini oluşturan benzersiz bireysel özelliklerini anlamanız çok önemlidir.

İlgi alanlarını ve onları neyin mutlu ettiğini anladıktan sonraki adım, gerekirse indirimler, bedava hediyeler veya müşteri olduğunuz için diğer ödüller gibi satışları teşvik edecek şeyleri değerlendirmek olmalıdır.
Sevdikleri ve sevmedikleri şeyleri anladıktan sonra bir sonraki adım, bir şeyi satın aldıktan sonra uzun iade süreleri, gizli ücretler veya ürünlerini özelleştirememek gibi hoşlanmadıkları şeyleri belirlemek olmalıdır. Tanımlandıktan sonra buna göre hareket etmek basitleşir; ne zaman bir şey onları rahatsız etse çözüm olarak hoşlarına giden bir şey sunarlar; Her ne kadar bu açık görünse de, başkalarını etkilemeye çalışan birçok kişi bu adımı gözden kaçıracaktır.

Son olarak, başkalarının nasıl iletişim kurduğuna dikkat ettiğinizden emin olun. Bu dinamiği anladığınızda, olayları aynı şekilde ifade etmenizi sağlamak çok daha kolay hale gelecektir. Her zaman diğer kişinin söylediklerini dinleyin ve onlara konuşmaları için bir platform sağlayın. Sadece hangi kelimeleri kullandıklarına değil, sizinle bilgi paylaşırken yüzlerine de dikkat edin. Birisi görmezden gelindiğini hissederse geri dönebilir ve uzun vadede ikna edilme olasılığı çok daha düşük olabilir. Bir sonraki bölümde bu konu daha ayrıntılı olarak incelenecek ve yaşamda sağlıklı etkileşimleri en iyi şekilde nasıl teşvik edebileceğiniz incelenecektir.
İletişimin Temellerini Anlamak

İletişim hepimiz için zorlayıcı olabilir. İlk bakışta zahmetsiz görünebilir - sadece ağzınızı açın ve konuşmaya başlayın - ancak çoğu kişi, kendileri de deneyimleseler bile, nasıl hissettiklerini yalnızca kelimelerle ifade etmekte zorlanırlar. Ancak hayatta iletişim ne kadar etkili olursa hayat o kadar kolaylaşacak ve ortaya çıkan sonuçlar da daha mutlu olacaktır.

İletişim becerilerinizi geliştirmek için bunları geliştirmenin pratik gerektirdiğini unutmayın. Anında gelişmenin sihirli bir hapı ya da gizli bir yolu yok - daha iyi olmak için, diğer insanlarla sohbetler yoluyla sürekli olarak etkileşimde bulunmalısınız - ister kafelerdeki baristalarla, ister otobüs duraklarındaki yabancılarla, küçük sohbetler başlatmak en iyisi, başlarken en iyisidir - yapma Başkalarını rahatsız etmemek için standart "nasılsın?" demenin ötesinde sesinizi ifade etmenin yollarını arayın.

Duygularınızı kendinize etkili bir şekilde ilettiğinizden emin olun. Bazen yalnız olduğumuzda bile duygularımız bize tam anlamıyla anlam ifade etmez. Gerekirse duygularınızı günlük olarak kaydetmeye başlayın; Ortaya çıkan duyguları yazarak bunları kendi başınıza ne kadar çözebilirseniz, bunları kendi başınıza yönetmek ve başkalarıyla etkili bir şekilde paylaşmak o kadar kolay olacaktır.

Başkalarını ikna etmeye başladığınızda sözlerinize dikkat edin. Kimseyi bir şey yapmaya zorlamayın veya onları kendilerini durduramayacak kadar güçsüz hissedecekleri durumlara sokmayın; "Bunu yapmalısınız" gibi ifadelerden kaçının. Kimse ne yapması gerektiğinin söylenmesinden hoşlanmaz!
İlk önce kendiniz hakkında konuşmak mantıksız görünebilir, ancak insanlar, davranışlarını doğrudan dikte ettiğinizi duymak yerine, örnekleri toplayarak daha olumlu yanıt vereceklerdir. Örneğin, her sabah geç kalmanın getirdiği stresi azaltmak için eşinizi daha erken kalkmaya ikna etmek istiyorsunuz diyelim; "Daha erken kalkmalısın" gibi bir şey söylemek yerine şöyle diyebilirsiniz: "Daha erken başlayarak, sabah işe gidip gelme zamanında daha az stresli olmanın ve daha erken kalkmanın benim için stres seviyelerini büyük ölçüde azalttığını ve stresi azaltmaya yardımcı olduğunu keşfettim. İşten önce sabah stres kaynağım!"

Başkalarının sizin fikrinizin kendilerine ait olduğuna inanmasına izin vermek, iknanın daha güvenilir olmasını sağlayacaktır; insanlar, kendi istekleri dışında bir şeyi kabul etmeye zorlanmak yerine, bunu kendilerinin bulduklarını hissetmeyi severler. Avantajlarını ve dezavantajlarını kendileri değerlendirebilmeleri için konuyu kendi başlarına çözmelerine izin verin; bu şekilde onlara bir şeyler dayatmak yerine daha etkili bir ikna yaratacaksınız.

Bundan sonra hem ses tonunuza hem de beden dilinize özellikle dikkat edin, yanınızdayken kendilerini rahat hissedecekleri bir ortam yaratın. Nezaket, sevgi ve şefkat göstermek onların sizinle daha iyi ilişki kurmasını sağlayacaktır; Sırf insanlar sizin istediğinizi yapsın diye katı ve sert iletişim stratejilerine yönelme konusunda kendinizi baskı altında hissetmeyin; bunun yerine nazik ve nazik olmayı deneyin, daha iyi yanıt vereceklerdir!

Son olarak etkilemeye çalıştığınız kişilere saygılı davrandığınızdan emin olun. Aptalca bir şey söylerlerse, onların yanınızda utanmasına veya utanmasına neden olmayın; bunun yerine onları geliştirin ve karşılığında bu tür bir iyiliğe karşılık verecekler. Olumsuz Manipülasyonu Olumlu İknaya Nasıl Dönüştürebiliriz?

Artık temel düzeyde psikoloji konusunda uzman olmalısınız! Her şey zihnimizde başlar ve her birey için farklı şekilde tezahür eder. Bu hayatta gerçekten arzu ettiğiniz şeyi elde etmek için, diğer insanlar ve onların beyinlerinin nasıl çalıştığı hakkında bilgi edinmeye başlamanız çok önemlidir; aksi takdirde zamanında telafisi mümkün olmayan hasarlara maruz kalma riskiyle karşı karşıya kalırsınız.

Geçmişte öğrendiğiniz tüm manipülatif teknikleri alın ve şimdi bunu iyilik için kullanın. Olumsuz deneyimlerinizden ders alın, böylece bunları başkalarına nasıl davranılmaması gerektiği konusunda öğrenme deneyimleri olarak kullanabilirsiniz. Olumsuz manipülasyonu olumlu iknaya dönüştürmek için, başkalarının kabul etmesini istediğiniz şeyin arkasında iyi niyetler bulundurarak başlayın; her iki taraf arasında karşılıklı yarar sağlayan bir şey, ikiniz arasındaki herhangi bir müzakerenin nihai hedefi olmalıdır. Diğer kişilerle ihtiyaçları konusunda konuşurken dikkatlice dinleyin, böylece her iki tarafın da olumlu faydalar elde edebileceği bir anlaşmaya varabilirsiniz; bu şekilde her iki taraf da olumlu faydalar açısından aynı anda kazanır!

Başkalarının ihtiyaçlarını kendi ihtiyaçlarınız yerine karşılamaya öncelik verdiğinizden emin olun. Elbette öncelikle kendinize iyi bakmanız önemlidir, ancak başkalarının ne hissettiğini bilmemek uzun vadede kimseye fayda sağlamayacaktır.

Etkileyiciler liderdir. Başkalarına aktarmak istediğiniz iyi fikirleriniz varsa ve bildiklerinizden onların da faydalanmasını istiyorsanız, olumlu liderlik becerileri geliştirmeniz ve keskinleştirmeniz zorunludur.

Başkaları yalnızca sizin araçlarınız olarak görülmemelidir. Başkaları yardım edebilir ama siz de onlara yardım etmelisiniz. Büyük bir lider, başkalarını, onların iradesini zorlamadan nasıl motive edeceğini bilir; diğer bir deyişle karşılığında faydalı bir şey sağlamak. Hayallerinize ulaşmanıza yardımcı olmaya istekli birini bulabilirseniz de, bunu yapmanın kendisine veya size hiçbir maliyeti veya faydası olmayacağı konusunda dikkatli olun.

Hayatta önemli bir şey başarmak istiyorsanız inançlarınız da bu yolculuğun bir parçası olmalıdır. Kendinizi hizalayın ve onları bu sistemin etrafında merkezleyin; başarınız kesindir!

Başkalarıyla konuşurken kapsayıcı bir dil kullandığınızdan, "biz" dilini kullandığınızdan ve bunu yaparken kendinize güvendiğinizden emin olun. Bu sürecin bir parçası olarak dahil edildiklerinde muhtemelen daha fazla dikkat edeceklerdir.

Gelişiminizin bu aşamasında anahtar bileşen, büyüme zihniyetine sahip olmaktır. Düşüncelerimizi sınırlamak, hayatta daha az potansiyelin farkına varmamıza yol açar, bu nedenle genel olarak ikna, manipülasyon ve psikoloji ile ilgili çalışmaları takip edin ve insan beyniyle ilgili haber bültenlerine veya dergilere abone olarak daha derin bir içgörü elde edin. işleyişi.

Sağlığınızı düzenli olarak kontrol edin. Kendinizin tüm yönleriyle ilgilenmemek, yaşlandıkça zihninizin işleyişini ciddi şekilde tehlikeye atabilir, bu yüzden şimdi zihinlerimizi buna göre hazırladığımızdan emin olmanın zamanıdır. Başkalarıyla iletişim kurarken açık bir bakış açısına sahip olmaya ve yakından dinlemeye çalışın; öğrenmeye devam edin çünkü ne kadar çok bilgi toplarsanız o kadar çok keşfedilecek şey olacaktır.

Asla saldırganlık ve ikna kullanmayın. Korku, insanlara istediğiniz şeyi geçici olarak yaptırmak için işe yarayabilir, ancak uzun vadeli saygı asla yalnızca korku dolu yöntemlerle kazanılmamalıdır. Şefkatinizi gösterin ve başkalarını daha iyi anlayın ki onlar da akıllarından geçenleri paylaşırken daha dikkatli dinlesinler.

ÇÖZÜM

Başka bir kişiyi analiz ederken beden dili çok önemlidir. Uzunlar mı yoksa çöküyorlar mı? Birinin gözlerini, yüzünü ve kollarını gözlemlemek, onun gerçekte kim olduğu hakkında çok şey ortaya çıkarabilir; örneğin, dikkat etmeye başlarsanız, kendinden emin görünen birinin aslında kaygıdan muzdarip olabileceğini fark edebilirsiniz. Ayrıca güvendiğiniz birinin size yalan söylediğini de keşfedebilirsiniz!

Birini diğerlerinden ayıran şeyin ne olduğunu bulmak ve neden belirli bir şekilde davrandığını anlamak zor olabilir, ancak sonunda birisinin neden bu şekilde davrandığına dair daha fazla fikir edinmeye başlayacaksınız. Her ne kadar iki kişi tam olarak anlaşılamayacak olsa da, en azından bazılarının neden böyle davrandığına dair bir fikir edinmeye başlayabilirsiniz.

Bir kişiyi başarılı bir şekilde analiz edebildiğinizde bir sonraki adım, onu bakış açılarınız veya talepleriniz konusunda ikna etmek olmalıdır. Hayattan istediğinizi elde etmeye veya en azından başkalarından hak ettiğinizi elde etmeye çalışırken ikna önemlidir; Tıpkı birinci kitapta tartıştığımız gibi, eyleme geçilmeden okumak hiçbir işe yaramaz; her ne kadar kendinizin farkına varmak ilk başta göz korkutucu olsa da, bu adım etrafınızdakilerin farkına varmak ve etkili iletişimciler olmak için çok önemlidir.

İnsanlar çoğu zaman kendi içlerinde derinlere inmeden, onların düşüncelerine meydan okumadan ve bunun için dürüst bir çaba harcamadan, körü körüne başkalarını takip ederler. Bu ilk bakışta zorlayıcı olsa da, daha mutlu ve sağlıklı bir hayat yaşamak için ruhumuzu keşfetmemiz çok önemlidir.

Başkalarının sizi etkilemesine izin vermenin hala sağlıklı ve normal olduğunu kendinize hatırlatın! Liderlik ettikleri kişilere pozitif tutku ve motivasyon aşılayarak başkalarına ilham vermiş olabilecek dünya çapındaki tüm büyük liderleri düşünün; birçoğu bunu tam olarak sizi düşünerek yaptı!
Başkalarının etkisine yenik düşerlerse kimse suçlanamaz; Şimdi fark yaratacak olan şey, bu etkinin size zarar vermek isteyen birinin manipülasyonu yerine, olumlu ve moral verici bir ilham şeklinde gelip gelmediğidir.

Hayatınızı yönlendirirken şunu ana hedefiniz olarak aklınızda bulundurun: Beyninizi her zaman iyilik için kullanın! Bu bazen zorlayıcı olsa da, bunu yapmak her zaman daha iyi bir çözümdür. Başka biri tarafından kolayca manipüle edilseniz bile, birini manipüle etmek için bu tür fırsatlardan yararlanmayın. Daha fazla farkında olmadıkları için bu onların hatası gibi görünse de, bunu asla varsaymayın; bazı bireyler eski kalıplardan kurtulmayı daha zorlu hale getiren, duygu ve düşüncelerle baş etmede daha sağlıklı çözümler bulmayı zorlaştıran şeyler yaşamıştır.

Daima başkalarına yardım edin, onlara zarar vermeyin. Geçmişte size haksızlık etmiş olanlar bile öfkenizin hedefi olmamalıdır; Zekanızı iyilik için kullanın, dünyayı sağlıklı bir etkiyle daha iyi bir yer haline getirmeye yardımcı olun; çok geçmeden arzuladığınız her şeyin yolunuza çıkacağını keşfedeceksiniz.

Herkes Başarıya Beyinle Başlar

Bireysel bir analizci veya okuyucu, bir bireyin kişiliğini, boş zamanlarında ne yaptığı da dahil olmak üzere çeşitli nitelikler aracılığıyla hızla çözebilir. Örneğin, topluluk etkinliklerine katılmak, gönüllü faaliyetlere katılmak ve kilise girişimlerine katkıda bulunmak, onların hayırsever olduklarını ortaya çıkarabilir. Öte yandan, hiç durmadan parti yapmak ya da televizyon izlemek, düşük hırsın ve anında tatminin göstergesi olabilir; görünüşte önemsiz alışkanlıklar bile insanların gerçekte kim olduğu hakkında çok şey ortaya koyuyor.

Psikoloji Hayatımızı Nasıl Etkiler?

Psikologlar davranışlarımızın yalnızca genetik mi yoksa kalıtım mı tarafından belirlendiği konusunda hemfikir değiller; diğerleri doğumdan bu yana deneyimlerimizin önemli katkılar olduğunu düşünüyor. Diğerleri ise yakın çevremizin veya deneyimlerimizin davranışlarımızı şekillendirdiğine inanıyor; örneğin eğer birisi sürekli tacize maruz kalıyorsa, bunun sonucunda davranışı da değişebilir. Mesela bir kişi sürekli istismara maruz kalıyorsa davranışları buna göre değişebilir; Büyüdükçe ve sınıfları veya ırkları nedeniyle ötekileştirilmeyi ve ırkçılığı deneyimledikçe, ezilenlere sempati duyarken, daha zengin insanları veya görünüşte üstün ırkları küçümsemeye başlayabilirler.

Benzer şekilde, çocukken sürekli zorbalığa, istismara veya mağduriyete maruz kalan çocuklar da büyüyünce zorba olabilirler. Bakış açıları, değerleri, kişilikleri ve tutumları muhtemelen erken yaştaki şiddet ve istismar deneyimleriyle şekillenmiş olacaktır.

Kişiliklerini burçlar veya astroloji yoluyla okumaya niyetli görünen insanlarla karşılaştınız mı? Bu, öz farkındalığın ve anlayışın düşük olduğunun göstergesi değil mi? Örneğin insanlar, eksikliğini duydukları şeylere yönelme eğilimindedirler; Erken çocukluk döneminde veya gençlik yıllarında yeterli ebeveyn ilgisinden mahrum kalan biri, yetişkinlikte dramadan ve ilgi çekme stratejilerinden hoşlanan biri haline gelebilir, belki de zamanla giderek daha dramatik ve gösterişli hale gelebilir.

İnsan analizcileri, kişinin gerçekte kim olduğunu ortaya çıkarabilecek ince ipuçlarına karşı tetikte kalmalıdır. Etrafımızda pek çok işaret var; Bir analist olarak yapmanız gereken tek şey dikkatli olmaktır.

Biz

Zihnimiz üç farklı katmana ayrılabilir: bilinçli zihin, bilinçaltı zihin ve bilinçsiz zihin. Bilinçli farkındalık yalnızca bilinçli farkındalıktan kaynaklanan düşünceleri, eylemleri, öğrenmeleri ve deneyimleri kapsarken, bilinçaltı ve bilinçdışı zihinler zihnin içinde var olduğunu fark etmediğimiz bilgileri içerebilecek alemlerdir; Bilinçli zihin farkındalığı aracılığıyla, yakın çevremizden toplanan ve normalde bizim için göremediğimiz veya bilmediğimiz tüm algıların, duyguların, kavramların veya fikirlerin farkındalığını kazanırız.

Ancak konu bilinçaltı ve bilinçdışı zihinlerimize geldiğinde, onların düşünceleri, fikirleri, kavramları ve burada depolanan bilgileri hakkında genellikle çok sınırlı bir farkındalığa sahibiz. Bilinçli zihnimiz karmaşıklığının yalnızca bir kısmını gösterir; yüzeyinin altında kişiliğimizi ve davranışlarımızı farkında olmadan etkileyen birçok katman vardır.

Etkili bir insan analisti olmak istiyorsanız kendinizle başlayın. Davranışlarınızı yönlendiren tetikleyiciler de dahil olmak üzere kendinizi veya kendi kişiliğinizi veya davranış kalıplarınızı ne kadar bildiğinizi veya ne kadar iyi anladığınızı değerlendirin; hangi inançlar, korkular, motive edici faktörler veya değerler bu tür davranışlara neden olabilir?

Kendinizi ve çeşitli kişilikleri ve davranışları anladıktan sonra yakın arkadaşlarınızın ve aile üyelerinizin kişiliklerini ve davranışlarını keşfetmeye başlayın. Bu adım tamamlandıktan sonra, doktor kliniklerinde veya havaalanlarında beklerken gördüğünüz yabancıların yanı sıra partilerde veya günlük etkileşimler sırasında ilk kez tanıştığınız insanları anlamaya çalışın; bu beceriyi doğal bir şekilde gelene ve okuyabilene kadar uygulamaya devam edin. insanlar hızlı ve etkili bir şekilde bir uzmanı sever!

Duygular ve İnsan Davranışı

Duygular, zihinsel aktivitenin bir parçası olarak yaşadığımız geçici deneyimlerdir. Duygular ilk başta rasyonel veya mantıklı görünse de bazen arkadaşımızın tehdit edildiğine veya suçlandığına dair kanıtlara rağmen tepkilerimiz duygusal kalır. Örneğin, kendilerine yanlış bir davranış yapıldığına dair delil sunulsa bile.
Birisi arkamızdan ihanet etse bile ona sadık kalırız ve ona daha çok güveniriz.

İnsanlar olarak akıl yürütme yerine dürtülere göre hareket etme eğilimindeyiz. İnsanların davranışları büyük ölçüde duygulardan etkilenir. Onları anlamak bize onların eylemlerini, kişilik özelliklerini ve davranış kalıplarını anlama ve tahmin etme gücü verir. Psikolojik Teoriler
Klasik Koşullanma, bireylerin belirli davranışları ödül veya ikram gibi pekiştiricilerle ilişkilendirerek öğrendiği, yaygın olarak kabul gören bir psikolojik teoridir. Aynı prensip genellikle hayvanları eğitirken de kullanılır; örneğin köpeğinizi her topu

aldığında ödül maması ile ödüllendirirken! Kaçınılmaz olarak, getirme evcil hayvanınız için ikramlarla ilişkilendirilecek; sonunda bir ikram istiyorsa getirmenin gerekli olduğunu öğrenir!

Klasik koşullanma insan olarak hayatımızda büyük bir rol oynar. Doğumdan itibaren ağlamayı beslenme ve temiz tutulmayla ilişkilendiririz; okulda iyi notlar almak için sürekli çalışmak. Klasik koşullanma hayatın her yönünü etkiler; bebekler ağlamanın beslenmeleri veya temizlenmeleri anlamına geldiğini öğrenirler; Öğrenciler özenle çalışmanın iyi notlarla sonuçlandığını keşfederler. Bu nedenle, klasik koşullanma yaşam boyunca etkili olmaya devam ediyor: Bireyler olarak belirli uyaranlara belirli şekillerde nasıl tepki vereceğimizi öğreniyoruz; davranış analizi söz konusu olduğunda temel belirleyicilerden birini oluşturuyoruz.

İnsan Davranışı ve Fizyolojisi.

Çalışmalar, insanların uyaranlara karşı, onları analiz etme konusunda gösterge olarak kullanılabilecek belirli fiziksel reaksiyonlar sergilediğini göstermektedir. Kriminal psikologlar, kriminal psikolojiyi ve suçluları suç işlemeye neyin motive ettiğini anlamak için bu prensibi sıklıkla kullanırlar; biyometrik teknolojiyle araştırmacılar şüpheli düşüncelerin eylemlerle uyumlu olup olmadığını tespit etmeye çalışırlar.

Psikolojik ve fizyolojik tekniklerin birleşimi, insan davranışının motivasyonlarını ortaya çıkarmak için güçlü araçlardır. Birisi aldatma veya yalan söylediğinde, gözbebeklerinin büyümesi, terleme veya yanıltıcı veya yalan söyleyebileceğini gösteren diğer göstergeler gibi durumlarda vücudumuz belirli fizyolojik reaksiyonlar sergiler.
Tehdit veya rahatsızlık hissedildiğinde kalp atış hızı artar, çarpıntı artar, terleme artar ve ayak parmağı seğirmesi daha sık görülür. İnsanları fizyolojik veya sözel olmayan ipuçları kullanarak analiz etmek daha doğru analizler sağlayabilir; ancak tüm analiz türlerinde olduğu gibi hiçbir zaman %100 güvenilir olamaz.

Bununla birlikte, bazıları yalnızca eğlendirmeye veya bilgi sağlamaya hizmet ettiğinden, tüm iletişim biçimleri insanları ikna etme yeteneğine sahip değildir. İkna aynı zamanda başkalarını manipüle etmek için hoş olmayan bir araç olarak da kullanılabilir; başkalarını ikna etmeye çalışmak itici bir davranış bile sayılabilir. İkna, bir etki veya tepki olarak davranış değişikliklerine neden olduğu için iletişimden ayırt edilmelidir.

Burada insanın ikna olurken geçirdiği aşamaları inceleyeceğiz. Birincisi, alıcının sağlanan içeriğe dikkat ettiği iletişimdir. Daha sonra konuşmacının ne anlatmaya çalıştığını anlamaya çalışmak da dahil olmak üzere iletişimin tüm yönlerini bir bütün olarak kavramaya çalışacaktır. Bu, konuşmacının önerdiği sonuçların yanı sıra bu sonucu destekleyebilecek kanıtların anlaşılmasını da içerir. İkna, bireyin kendisine sunulan şeyi kabul etmesi veya kabul etmesi ve bu ilgiyi buna göre hareket edecek kadar uzun süre elinde tutması durumunda ortaya çıkar. İknanın temel amacı, bir bireyin veya bir grup insanın, sunulan yeni bilgiler nedeniyle tahılın markasını değiştirmek veya dini inançları değiştirmek gibi yeni tutumlar benimsemesidir. Koşullanma Teorileri Koşullandırma, iknanın temel kavramlarından biridir. Koşullandırma, itaat gibi doğrudan talimatlar vermek yerine, birini kendi başına bir şeye ikna etmeye çalışır.

Koşullandırma, reklamcılar tarafından markaları veya logoları ile olumlu duygular arasında olumlu ilişkiler oluşturmak için reklamcılıkta yaygın olarak kullanılmaktadır. Şirketler izleyicileri gülmeye, duygusallaştırmaya veya neşeli müzik ve görseller kullanmaya teşvik eden reklamlara başvuruyor; Bu reklamlar sonuçlandığında, bu duyguların ürün veya hizmetle bağlantılı olması umuduyla marka logosunu ortaya koyuyorlar.
Aşılama Teorisi Aşılama teorisine karşılaştırmalı reklamlarda sıklıkla rastlamak mümkündür. Bu kavrama göre bir tarafın zayıf argümanları vardır ve bu durum onların inandırıcılığının azalmasına ve dolayısıyla dinleyicilerin diğer tarafın üstün argümanlarını seçmesine neden olabilir.
Ulaştırma Teorisinin Anlatılması.

Anlatı taşıma teorisi, insanların kendilerini hikayelere kaptırdıklarında tutumlarının değişebileceğini öne sürüyor. Bireylerin çeşitli önkoşulları karşılaması nedeniyle ne zaman anlatı aktarımı yaşayabileceğini açıklayarak öykülerin ikna edici gücünü ortaya koymayı amaçlıyor; dahası anlatı aktarımı, karakterleri için empati gibi belirli duyguları uyandıran anlatıları dinlerken ortaya çıkar.
Alıntı:"Yeni Başlayanlar İçin İnsanları ve Beden Dili Nasıl Analiz Edilir. Olağanüstü İletişim Becerileri Kazanmak İçin Beden ve Beyin Sırları Hakkında İçgörü Kazanmak NLP Zihniyeti."

SON

www.ingramcontent.com/pod-product-compliance
Lightning Source LLC
Chambersburg PA
CBHW081356160726
48000CB00010B/3369